August Rohling

Die Wirtschaft der guten Juden und die Weltnot der Gegenwart

ein Wort für das Volk

August Rohling

Die Wirtschaft der guten Juden und die Weltnot der Gegenwart
ein Wort für das Volk

ISBN/EAN: 9783743469976

Hergestellt in Europa, USA, Kanada, Australien, Japan

Cover: Foto ©ninafisch / pixelio.de

Manufactured and distributed by brebook publishing software (www.brebook.com)

August Rohling

Die Wirtschaft der guten Juden und die Weltnot der Gegenwart

Die

Wirthschaft der guten Juden

und die

Weltnoth der Gegenwart.

Ein Wort für das Volk

von

Canonicus Prof. Dr. Aug. Rohling.

Wien.
Sesk und Schwidernoch.
1892.

Vorwort.

Die folgenden Blätter entstanden über ein freundliches Ansuchen, die Umrisse der Wirthschaftsverhältnisse des Mosaischen Staates darzustellen. Die guten Juden, welche das Titelblatt nennt, sind also Moses und die Propheten. Ob die heutigen Juden, welche der englische Parlamentarier Arnold White auf 11½ Millionen anschlägt, die vorliegende Frage mit ihren Consequenzen wie jene zu behandeln geneigt sind, werden sie selbst vielleicht sagen, weshalb ich vorläufig der Mühe überhoben bin, meine Ansicht zu äußern.

Während ich mit der folgenden Skizze über Alt-Israel beschäftigt war, beschenkte mich ein bischöflicher Freund, welcher eben zum Besuch bei mir weilte, mit einem Werke des großen Amerikaners Henry George. Die Lectüre desselben überzeugte mich, daß der Verfasser, etliche Irrthümer abgerechnet, einen klaren Beweis für die Hauptursache der heutigen Massenarmuth geliefert hat. Ich entschloß mich daher, diesen Beweis mit einigen Bemerkungen auszüglich hier beizufügen, zumal ich die Wahrnehmung machte, daß manche für das Wohl des Volkes warm fühlende und selbst opferwillige Leute mit dem Gedankengang dieses ebenso edlen wie bedeutenden Geistes trotz etlicher sonst veröffentlichter guter Bücher nicht bekannt geworden sind.

Was ich sage, ist also nichts neues, ja ich gebe die Entdeckung des berühmten Amerikaners mit dessen eigenen Worten, weil es mir lediglich um die einfache Verbreitung einer erkannten großen Wahrheit zu thun ist.

Wenn der Abfall von Christus, der die Geister zur Anarchie und Verheerung treibt, durch den die Leidenschaften wild entfesselnden Pauperismus eine ungeheure Nahrung findet, so ist ein Wohlthäter der Menschen für Zeit und Ewigkeit, wer die eigentliche, hauptsächlichste Ursache dieser Massenmisère kundmacht: denn die Erkenntniß der Ursache einer Krankheit ist der erste Schritt zur Heilung. Auf diese Ursache weist der Mosaismus, auf diese Ursache weist die Beobachtung der Thatsachen unserer Gegenwart hin: es ist die Knechtung der Massen durch das Landmonopol. Wäre nicht im 16. Jahrhundert ein Druck von oben für den Religionswechsel großer Massen unzureichend gewesen, wenn die letzteren nicht abhängige Creaturen der Grundherren gewesen wären? Lacht nicht ein wirklich freier Mann denjenigen aus, der ihm ein Religionsbekenntniß aufnöthigen möchte? Gewiß ist ein Religionswechsel wegen äußeren Druckes kein Zeichen der Stärke. Aber man muß bedenken, daß die menschliche Natur im Feuer der Trübsal nicht immer besteht, selten im Durchschnitt heroisch ist. Und wenn die französische Revolution für immense Massen den völligen Bruch mit dem Christenthum erzeugte, der heute vor Aller Augen steht und in allen Ländern zu sehen ist, war es nicht der unwürdige Frohndienst, welcher das Feuer entzündete und negativen Geistern, den Feinden des Welterlösers, die Macht über die Herzen verlieh?

Die gewöhnliche Menschenliebe wie die Liebe für das ewige Heil unsterblicher Seelen verlangt daher, daß wir uns mit der Ueberzeugung durchdringen, daß alle Menschen, vorübergehende Unglücksfälle abgerechnet, ein gutes, ja ein recht gutes irdisches Dasein haben könnten. Wenn wir uns nicht beeilen, gründlich wirksame Einrichtungen für diesen Zweck zu treffen, so wird der Weg zu dem, was der gütige Schöpfer Allen ermöglicht, über neue Ruinen gehen. Ich gebe aber diese Blätter als eine Anregung zu hilfreichen Einrichtungen um so hoffnungsvoller hinaus, als eine Steuerrede, welche jüngst im Wiener Reichsrath von gräflicher Seite gehalten wurde, den Beweis gab, daß auch die höchsten Gesellschaftskreise dem Kern der Gedanken von Henry George nicht abgeneigt sind. Das Predigen gegen den Materialismus ist recht gut, aber es bleibt ohne große durchschlagende Wirkung, solange die materielle Lage der Massen nicht gründlich gebessert wird.

Erster Theil.

Der Mosaische Staat.

1. Ein Volk, welches Sicherheit für seinen Wohlstand wünscht, muß von dem Ertrag seines Bodens leben. Aegypten pflegte treu die Landwirthschaft, darum blühte es und wurde wie in Abrahams Tagen so noch unter den römischen Kaisern eine Kornkammer selbst für das Ausland. Mit dem Ackerbau verband Aegypten die Viehzucht, nur Hirten ohne festen Wohnsitz waren verhaßt. Schon aus der Zeit vor Abraham meldet eine Grabschrift von dem großen Viehstand eines Mannes: er hatte 834 Ochsen, 220 Kühe (ihre Zahl ist geringer, weil man sie nicht schlachten durfte), 760 Esel, 974 Schafe, 2235 Ziegen (Lepsius, Denkmäler 2, 9). Hoch in Ehren stand der Ackerbau: auf Gemälden erscheint der König in feierlichem Aufzug, wie er im Tempel dankt und dann mit goldener Sichel eine Korngarbe schneidet; Prinzessinnen tragen Kränze von Aehren auf dem Kopf; die Verstorbenen besitzen reich bewässerte Kornfelder, die sie selbst besäen und abernten. (Schegg, Archäologie 63, nach Lepsius u. A.).

2. Adam wird angewiesen, die Erde zu bebauen, doch nicht so, daß er oder seine Kinder, wie heute, dabei hungern sollen; noch auch so, als ob irgend ein Wesen befugt sein werde, durch Entziehung der Arbeit, durch Absperrung des Feldes, die Anweisung zur Arbeit illusorisch zu machen. Kain und Abel treiben Ackerbau und Viehzucht, von den Erzeugnissen beider bringen sie Opfer. Auch Israel als Volk sollte Feldbau und Viehzucht treiben. Es erhielt ein Land, das fruchtbar war, aber nur durch den Fleiß der Bewohner reichen Ertrag gewährte. Hoch und Niedrig pflegte Acker und Herde. Saul wohnte auch

als König auf seinem Gehöfte zu Gibea; Boten des belagerten Jabesch treffen ihn, da er mit seinen Ochsen vom Felde kommt. 1 Sam. 11, 5. David's Feldherr Joab treibt Ackerbau 2 Sam. 14, 30. David hatte 12 Intendanten für seine Domänen 1 Chronik 27. König Ozias hatte viele Herden, Ackerleute und Winzer. 2 Chronik 26, 10. König Ezechias hatte Rinder und Kleinvieh in Menge. 2 Chronik 32. Moab zahlte einen jährlichen Tribut von 100.000 Lämmern und Wolle von 100.000 Widdern. Elisäus wird hinter den Rindern her zum Nachfolger des Elias berufen. 3 Kön. 19, 29, wie David hinter der Herde weg zum Nachfolger Saul's.

3. Trotz des Reichthums an Herden war der Preis wegen des starken Verbrauches, den man sich bei dem allgemeinen Wohlstand gönnte, relativ hoch. Nach der Mischna (Menachoth 13, 5) kostete ein Opferstier 50 Sekel (à 2·30 M. circa), ein Kalb 5, ein Widder 2, ein Lamm 1 Sekel. Diese unserer Zeit gegenüber große Kaufkraft des Geldes in Palästina war offenbar dadurch begründet, daß Grund und Boden erbliches Lehengut der Familien war, die es ohne Kaufgeld oder Pachtschilling besaßen; es war daher auch keine Steigerung der Preise des Landbesitzes möglich, wodurch Lohn und Zins immer und überall gedrückt werden müssen (Henry George, Progreß and Poverty S. 152). Salamo zahlte für ein ägyptisches Roß 150 Sekel. 3 Kön. 10, 29. — Als Futterkorn gab man Gemengsel aus Gerste, Bohnen, Wicken und sauren Kräutern, Heu wenig; auch die Aegypter hatten kein Heu und noch die heutigen Bewohner des Hauran haben keines. David hatte noch viele Kameele für den Transport vom rothen Meere; später war es ohne Nutzen, sie heerdenweise zu halten, da man nur Binnenverkehr pflegte und Fleisch und Milch des Kameeles nicht genießen durfte. Das Schwein, zum Genuß verboten, wurde wegen des Felles und zum Verkauf gezüchtet, besonders zur Zeit der Griechen und Römer, weshalb nach dem Talmud (Taanith 21 b) Rabbi Juda wegen einer unter den Schweinen ausgebrochenen Pest ein Fasten anordnete; wie sehr es bekannt war, zeigt die sprichwörtliche Verwendung Spr. 11, 22. Das Wildschwein wurde gejagt wegen seiner Verwüstungen. Als reine, eßbare Thiere jagte man Reh, Gazelle, Steinbock, Hirsch, Rebhuhn, Wachtel, Sperling u. a. Herodes war nach Josephus (Alterthümer 16, 10. 3) ein vorzüglicher Jäger, der 40 Stück

Wild an einem Tage vom Pferde erlegte; das Land war reich an Wild (Joseph ib. 1, 21. 13). Die Jagd war frei. Aber die Römer verstaatlichten die Fischerei in den Seen und verpachteten sie: solche Pächter, nicht Fischerknechte, waren die Väter von Petrus und Johannes.

4. Des Ackers vorzüglichste Frucht war der Weizen. König Jotham (758 ff. a. Chr.) forderte einen Tribut von 100 Talenten Silber (à 7500 M.) 10.000 Chomer (à 390 Liter) Weizen und ebenso viel Gerste. 2 Chr. 27, 5. Salomo lieferte während des Tempelbaues für die Arbeiter auf dem Libanon jährlich 20.000 Chomer Weizen und ebenso viel Gerste, außerdem jährlich für Hiram 20.000 Chomer Weizen 2 Chr. 2, 9; 3 Kön. 5, 25. Gerste wurde als Viehfutter, aber auch zu Brod verwandt (Richt. 7, 13), in früherer Zeit wohl noch nicht zu Getränk bereitet; im Talmud heißt ein aus Getreide bereitetes Getränk Medischer Schechar; nach Hieronymus IV, S. 364, wurden aber in späterer Zeit berauschende Getränke aus allerlei Materialien Getreide, Obst, Honig hergestellt. Spelt gibt geschrotet das feinste Mehl und wurde daher zum Speisopfer gebraucht, sonst aber durch den Weizen mehr verdrängt. Roggen gab es nicht. Der Landbau konnte sich auf's Beste entwickeln, denn das Land war gut, reich an Wasser, ein Land für Weizen, Spelt, Gerste, Wein, Feigen, Datteln, Granaten, Oliven, Honig, Flachs u. s. w., ein Land, wo „das Brod nicht karg zugemessen und an nichts Mangel ist". Deuteron. 8, 7—9. Man wußte auch, wie der Acker zu behandeln war: man pflügte, zog Furchen, ebnete durch Eggen, säete „umherstreuend" den Kümmel, „setzte in Reihen" den Weizen (wodurch der Ertrag größer wird als durch Umherstreuen). Der Weinberg wird mit Hecken und Mauern versehen (Numeri 22, 24 f.), was auf Terrassencultur deutet, wie sie noch jetzt in Palästina zu sehen ist (Burkhardt, Reisen 1, S. 64); noch nöthiger war der Terrassenbau für Oelpflanzungen, die auf felsiger Höhe gedeihen, auf der aber das dünne Erdreich gegen Regen geschützt werden muß. Man wußte, was der Boden producirte und wie man ihn nutzbar zu machen hatte. Man baute Hirse, Linsen, Bohnen (Pferde- oder Saubohnen), Gurken, Knoblauch, Melonen, Zwiebeln, Koriander, Kümmel, Senf, Minze, Dill, Raute u. s. w. Der Wein ist noch heute, wo er gebaut wird, so ergiebig, daß man oft Trauben von 9

bis 12 // findet, ja leicht bis 20 // deren erzielen könnte (Tristram, natural history of the Bible 404).

5. Der Durchschnittsertrag ergab für Weizen und Spelt 20 (in Deutschland 11—12), für Gerste 30 (in Deutschland 26—30) Körner. Aus einer Berechnung über Gelübdeablösung, Leviticus 27, 16, ergibt sich, daß zu Moses Zeiten ein Chomer (390 Liter) Gerste um einen Sekel zu haben war. Später stand ein Chomer Gerste, wie es scheint, dauernd wie in Aegypten zu 2 Sekel, Weizen zu 4, ein Zeichen, daß es „Brauergerste" noch nicht gab, da diese nach Dr. R. Meyer („Die neue Zeit", X. Jahrg., Nr. 36, S. 297) theurer als Weizen ist. Nach der Mischna l. c. bekam man für einen Chomer Gerste einen Widder, für einen Chomer Weizen ein Kalb, für zehn Chomer Weizen einen Ochsen (50 Sekel, respective 40).

Der große Ertrag lieferte auch Export an Phönizien. Palästina hat 500 ☐ M.; es hatte c. 5 Millionen Menschen. Fielen 300 ☐ M. auf Wiese und Wald, 200 auf Acker, auf den Hektar etwa 20 Hektoliter, so hatte man leicht jährlich 6 Millionen Hektoliter Ueberschuß an Weizen und Gerste mit einem Werthe von 10 Millionen Sekel.

Für die Ertragsfähigkeit war die zeitweilige Ruhe, die Brache, nöthig. Obgleich sie nach Jerem. 4, 3; Osel 12, 10 sehr bekannt war, fehlen doch Angaben über ihre Behandlung. Sabbathjahr und Halljahr ersetzten sie nicht, weil in diesen Jahren jede Feldarbeit eingestellt war, während das Brachfeld zwei- oder dreimal umgeackert wurde. Fruchtwechsel förderte den Ertrag, auch Dünger und Stoppeln, welche, wie der Klee auf unseren Brachfeldern, der Verwitterung der oberen Bodenschichte nützten.

6. Nachdem Josua die Macht der Kanaaniter gebrochen hatte, vertheilte er das Land an die Stämme, so daß jede Familie ihren Ackertheil erhielt. Levi sollte vom Heiligthume leben, weshalb auch seine Städte mit ihren Weidefluren Lehenseigenthum der Stämme waren, in deren Gebiet sie lagen. Bis zur vollen Unterwerfung der Philister durch David hatten aber die von Josua übrig gelassenen, Israel culturell überlegenen Kanaaniter ein sociales Uebergewicht, wodurch ihnen der active Handel zufiel. Der Kanaaniter übernahm die entbehrlichen Producte Israels und lieferte dafür

Metalle, Hausgeräthe, Luxussachen u. dgl. David emancipirte sein Volk von diesem socialen Uebergewichte Kanaans. Da aber Israel keine politische oder mercantile Großmacht werden sollte, nützte David seine siegreichen Kriege nicht nach diesen Richtungen aus. Deshalb incorporirte er die besiegten Gebiete weder als neue Provinzen, noch monopolisirte er in Damaskus oder am Rothen Meere den Handel, sondern begnügte sich mit einem Tribute und dem Gewinne des Transithandels. Israel selbst besorgte jetzt seine Bedürfnisse als Krämer, indem es von den durchziehenden Karawanen im Tausche für seine Producte allerlei Waaren abnahm und im Lande herumbrachte. Das Gesetz gibt keine positive Handelsordnung, sondern warnt negativ gegen Betrug und Wucher, falsches Gewicht und falsche Wage. Lev. 19, 56; Deut. 25, 13 ff. Auch nach dem Exil ist vom Großhandel keine Rede. Obgleich Tyrus von Israel und Juda, nach Ezech. 27, 12—24, Weizen, Honig, Oel, Balsam handelt, ist Israel und Juda doch keine mercantile Macht. Die Basierung des Staates auf dem Ackerbaue und das Verbot des Zinses gegenüber Volksgenossen wirkten dem Großhandel positiv entgegen; Fremde, von welchen man Zins nehmen durfte, waren aber stets wenige im Lande; unter Salomo waren es 153.600 (2 Chr. 2, 17).

7. Der Sinn für das Handwerk bildete sich allmählich so aus, daß Arme und Reiche es übten, und nach dem Exil sogar Jeder, auch der Schriftgelehrte, ein Handwerk lernte. Die Mitglieder desselben Gewerbes hatten natürlich gemeinsame Interessen und bildeten daher ohne Zweifel im Laufe der Zeit besondere Genossenschaften mit Statuten, obgleich wir Bestimmtes nicht wissen. Für Aegypten, das Land der Kasten, hatten die Juden später wohl sicher eine Art Zunftwesen (Graetz, Geschichte der Juden, 3, 33); in der Synagoge zu Alexandria, welche durch ihre Größe und Pracht berühmt war, saßen die Genossen beisammen; Goldarbeiter, Nagel- und Nadelarbeiter, Kupferschmiede, Weber hatten ihre besonderen Bänke und Stände, und der arme Fremdling setzte sich zu den Genossen, welche ihn unterstützten, bis er Arbeit bekam; die jüdischen Kupferschmiede Alexandriens hatten auch in Jerusalem eine eigene Synagoge mit Kirchhof; auch wird ein Rabbin oder Obermeister für sie erwähnt.

In der alten Zeit stellten die Familien die meisten Werkzeuge selbst her, obgleich auf eigne Schmiede schon das Richterbuch hinweist (sie waren weggeführt von den Philistern). Durch das Exil aber und unter dem Druck von Großen, welche durch Latifundien für Manche Viehzucht und Ackerbau unmöglich machten, mußte das Handwerk immer mehr an Bedeutung gewinnen, weshalb das Sprichwort aufkam, wer seinen Sohn kein Handwerk lernen lasse, leite ihn zum Diebstahl an.

8. Die Latifundienwirthschaft entwickelte sich im schroffsten Widerspruch gegen das Gesetz. Achab nimmt den Weinberg Naboth's 3. C. 21. Amos geißelt die Großen, welche Schätze des Frevels und der Gewaltthat aufhäufen, auf den Armen herumtreten und die Geringen zu vernichten*) trachten (3, 9, 10; 4, 1; 5, 11; 8, 4). „Wehe euch!" ruft Isaias, „die Haus an Haus reihen, Feld zu Feld schlagen, bis kein Raum mehr da ist, so daß ihr allein wohnen bleibet in Mitten des Landes." So auch sein Zeitgenosse Michäas 2, 1 f. Amos 8, 5 geißelt die Reichen, wie sie scheinheilig die Feste feiern, aber das Ende der Feiertage nicht abwarten können, um geldgierig wucherischen Handel zu treiben; im Getreidehandel betrügen sie durch kleines Maß und Steigerung des Preises und falsche Wage und schlechtes Korn, damit sich der Arme ihnen verkaufe (confer Lev. 25, 39) oder, weil er ein Paar Schuhe, die kleinste Schuld, nicht mehr zahlen kann, vom Gericht dem Gläubiger zugesprochen werde. Es entwickelt sich durch die Mißachtung des Gesetzes nun wachsend jener Geist der Weltlichkeit, der in den Tagen des Herrn allherrschend wurde und deshalb als Messias einen weltlich Großen verlangte, wie gewisse Regierungen Priester nöthig haben, die ein „Verständniß" für die Schmerzen dieser weltlichen Hoheiten besitzen: es wurde geradezu Grundsatz, daß Reichthum ein Beweis des göttlichen Wohlgefallens sei (Wünsche, Beiträge zur Erklärung des Evangeliums aus Talmud und Midrasch S. 231, 464 u. ö.). Die Ausartung, der ein ganzes Volk trotz bester Gesetze durch Leichtsinn auf Jahrtausende an-

---

*) Vgl. 25—35 elende Kreuzer Tagelohn, gar ohne Beköstigung, bei diversen von **unseren Großen**! Kann und darf ein Beichtvater sie absolviren? **Niemals**! **Lieber stürbe ich, als daß ich solche absolvirte**! Muß nicht das Volk denken, die Religion sei **Blödsinn**, wenn es die Priester bei **derlei Großen** verkehren sieht? Muß es nicht **anarchisch** werden?

heimfiel, sollte unsere Weltverbesserer lehren, daß die besten wirthschaftlichen Gesetze ihr Ziel nicht erreichen, wenn man als der Güter höchstes den Mammon anbetet.

9. Das Mosaische Gesetz hatte die Verarmung weiter Schichten nicht verschuldet. Es suchte derselben vielmehr auf manche Weise vorzubeugen. Für diesen Zweck war von Anfang an die gleiche Vertheilung von Grund und Boden an die einzelnen Familien angeordnet. Für diesen Zweck war die Restitution von Grund und Freiheit im Halljahr bestimmt. Dafür sollte dienen die gesetzlich geordnete Unterstützung innerhalb der Familie, sofern der Erstgeborne als Erbe die Witwe (resp. Witwen) des Vaters und seine Schwestern bis zu deren Vermählung unterhalten mußte. Aber Mißwachs, Krieg und andere Unglücksfälle waren und bleiben eine stete Quelle von Noth. Deshalb schrieb der Gesetzgeber Deut. 15, 11: es wird nicht fehlen an Armen im Lande, darum gebiete ich dir, daß du öffnest deine Hand. Deshalb sollte auch dem bedürftigen Bruder durch unverzinsliches Darlehen geholfen werden (Deut. 23, 20). Wenn dein Bruder (Volksgenosse) verarmt, sollst du ihn erfassen; wenn er Geld leiht, nicht Zins, wenn Nahrungsmittel, kein Mehr bei der Rückgabe fordern Lev. 25, 35 s. Exod. 22, 24. Von dem Fremden aber, welcher nicht arm in's Land kam und sich z. B. als Handelsmann aufhielt, durfte ein den Verhältnissen entsprechender Zins genommen werden (Deut. 23, 20), welcher die naturrechtlichen Bedingungen einhielt. Die Einhaltung dieser Bedingungen, welche wir als die bekannten 4 „Titel" *) haben, war ein selbstverständliches Postulat für ein Gesetz, welches im Dekalog das Naturrecht proclamirt (s. Lehmkuhl,

---

*) Eigentlich ist Risico („periculum sortis") und „poena conventionalis" nicht Zinsquelle, sondern Grund einer Sicherheitsprämie. Zins ist ein Ertrag aus Capitalsvermehrung; durch die Verwendung im Anstausch erzielt man aber ebensowohl ein Mehr für Bretter, Hobel u. dgl., wie die Natur durch Wachsthum Pflanze und Thier vermehrt: der Zinstitel ist daher ein natürlicher und in dem „titulus legalis" liegt bezüglich des Geldcapitals blos eine obrigkeitliche, positive Sanctionirung dessen, was die Natur entwickelt, resp. eine obrigkeitliche Anerkennung, weil eine obrigkeitliche Procentfixirung, wo sie stattfindet, ohne auf der Basis der natürlichen Verhältnisse, der factischen Kraftsteigerung des Tauschmittels zu beruhen, bald von selbst zusammenfiele. Ergibt ein Capital keine Zunahme, so wird es außer der Ausnutzung von Noth oder Unwissenheit (Wucher) selten Agio machen.

theol. mor. I., 684 ff.), weßhalb auch der Heiland Matth. 25, 27 einen Zins auf der Basis der Gerechtigkeit im Auge hat, wenn er in der Parabel dem trägen Knecht sagt: du hättest mein Geld den Wechslern (Banquiers) übergeben sollen. Wenn daher Lukas 6, 35 steht mutuum date nil inde sperantes, so wird hier kein Gebot erlassen, sondern die gerathene Vollkommenheit vorgestellt, nämlich, daß der Vollkommene gerne geben soll, auch wenn er auf den sonst zuständigen Zins (ja, nach der besseren Auffassung Weißbäcker's, auf das Capital selbst) verzichten müßte, nichts wiedererhalten würde:*) denn im Context lehrt ja das 6. Capitel vom V. 27 an: dem der dich auf die Wange schlägt, biete auch die andere, und dem, der deinen Mantel nimmt, weigere auch den Rock nicht; jedem, der dich bittet, gib, und von dem, der dir das Deinige nimmt, fordere es nicht zurück. Daß auch in Israel von den Reichen das Zinsverbot übertreten wurde, zeigt das Buch Nehemias; schon bald nach dem Exil mußte dieser energische Mann den Reichen hart zusetzen, daß sie die Zinsen für geliehenes Geld und Getreide erließen. Der arme Fremdling war wie der „Bruder" zu behandeln Lev. 19, 9 f.; 25, 5 f.; Dt. 10, 18 f.; 24, 19 ff.; er hatte auch insbesondere Theil am Armenzehent Dt. 14, 29. Natürlich verlangte das Gesetz vom Fremdling, daß er nicht Götzendienst treibe, Israels Gott und dessen Einrichtungen nicht lästere ꝛc.: wer sich dem nicht fügte, wurde nicht eingelassen oder, wenn im Lande, als Übertreter der ihm wohl bekannten Anordnungen mit dem Tode bestraft.

Der Zinsfuß des Inländers gegenüber dem (nicht armen) Fremdling, sowie des Fremdlings gegenüber dem Inländer war hoch, 10, ja 12—36%, mit monatlicher Zinszahlung. Es erklärt sich dies theils aus politischen Wirren und Kriegszeiten, theils durch die Sicherungsnothwendigkeit des Capitals, da ja der Fremde nicht Grund und Boden hatte, theils dadurch, daß der Fremde als Kaufmann Geschäftsgewinn bezweckte und so eine Art Gesellschaftsvertrag mit dem Darleihengeber einging. Der fremde Kaufmann seinerseits forderte natürlich Zins von jedem, dem er lieh, auch vom Hebräer, wenn dieser ihn ansprach. Da der Kaufmann die Waare baar bezahlte, so stieg der Zins-

---

*) Natürlich ceteris paribus, denn wegen sonstiger Pflichten kann es auch eine Forderung des Gewissens sein, sein Recht geltend zu machen.

fuß; es gab keinen Credit, der Mann mußte Geld haben, um sein Geschäft zu halten. So kam es zur Errichtung von Banken, die mit großen Summen eigenen und fremden Vermögens Geschäfte trieben. Wer nicht selbst sein Vermögen verwalten wollte oder konnte, brachte das gegen mäßigen, aber tüchtigen Zins zum Bankhalter (τραπεζίτης), der es zu größeren Zinsen auslieh oder zu Geschäften verwandte; solch' ein Bankhalter war der Knecht, dem sein Herr 1000 Talente geliehen hatte, Matthäus 18, 23 f. (Schegg 322 f.).

Die heutigen Schriftgelehrten beschränken ihre Betrachtung über die Höhe des Zinsfußes auf die vorstehend angeführten Gedanken. Aber wie schon (num. 9) bemerkt; ist die berechtigte Entlohnung für Risico (periculum sortis) kein Zins; diese Entlohnung selbst kann hoch oder niedrig sein. Dem Fremdling gegenüber, welcher keinen Grundbesitz hatte, mußte sie hoch sein. In Californien galten früher 2% monatlich nicht für übermäßig, jetzt gibt man etwa 8% jährlich. Ferner aber ist die Höhe des eigentlichen, aus der Capitalsvermehrung erwachsenden Zinses im alten Mosaischen Staate vor allem dadurch zu erklären, daß der Boden kein Speculationsobject sein durfte, weshalb von seinem Ertrag nichts für Grundrente als Pacht oder Kaufschilling abgezogen wurde. Zins und Lohn stehen immer und überall gut, wenn für die Grundrente nichts von des Bodens Ertrag verloren geht; beide sinken, sobald diese Rente entsteht. Die immer wiederkehrenden industriellen Krisen, unter welchen die heutige Welt leidet, sind durch wenige Stellen für den Mosaischen Staat belegt; denn die speculative Steigerung der Landwerthe, die Grundursache dieser Krisen, war dort erschwert, weil gesetzlich abgewehrt. Nur Stellen, wie Isaias 5, 8 und Mich. 2, 1 f., melden, daß die Existenz im Lande beschränkt, ja für viele unmöglich zu werden drohte, aber als Ursache werden die Latifundien genannt, was unsere Meinung über die Hauptursache der Krisen bestätigt.

10. Zur Sicherung des Darlehens wird, auch unter Volksgenossen, der Schuldschein (Tob. 1, 17; 5, 3; 9, 6), die Bürgschaft durch einen Dritten (Spr. 6, 1; 11, 15; 8, 13) und das Pfand erwähnt. Aber als Pfand soll nicht genommen werden, was zum Leben dient, wie der Mühlstein der Handmühle, das Kleid, das Rind (Deut. 24, 6; Exod. 22, 25; Job 24, 3), und der Pfandnehmer durfte nicht das Haus be-

treten, um sich irgend etwas auszusuchen, sondern mußte sich das Pfand herausbringen lassen Dt. 24, 11, 12. Die Hypothek wird nicht ausdrücklich erwähnt, aber vorausgesetzt, weil sich ein Zwangsverkauf von Häusern und liegenden Gütern sonst nicht erklären ließe. Auch wird Lev. 25, 25—28 bestimmt, daß sich der Gläubiger bis zum Halljahr an den Grundbesitz des Schuldners halten konnte, ihn auch als Lohnarbeiter in Dienst nehmen durfte (Lev. 25, 39—55). Dem Lohnarbeiter aber sollte pünktlich sein Lohn gezahlt werden, mochte er Volksgenosse oder Fremder sein, und auf sein Verlangen vor Sonnenuntergang Dt. 25, 14 f.

11. Für die Armen bestand auch ein gesetzlich geregeltes Almosenwesen. Die Ecke, d. i. nach der Tradition $1/60$ des Feldes mußte den Armen zur Aberntung überlassen werden; ihnen gehörte auch die Nachlese auf dem Kornfeld, in Weingärten und Olivenhainen Lev. 19, 9. 10; Dt. 24, 19—21, Ruth 2, 2 ff.; in der Erntezeit durften sie auf Feldern und in Weingärten ihren Hunger stillen, Mt. 12, 1 ff.; im Sabbath- und Halljahr hatten sie an dem freiwilligen Ertrag des Bodens Antheil, Lev. 25, 2 ff.; zu den Opfermahlen mußten sie zugezogen werden Dt. 14, 22—27; 12, 17 f.; in jedem dritten Jahr wurde ein besonderer Armenzehnt vertheilt Dt. 14, 28 f. 26, 12 f. Nach der Mischna wurde herumgehenden Armen über Tag $1/4$ Kab (das Kab = etwa $2\frac{1}{2}$ Liter) Brod, Abends das zum Uebernachten Nöthige, an Sabbathen 3 Mahlzeiten gereicht (Talmud, Peah 8, 7); $1/5$ des Vermögens für Almosen zu geben, galt als Pflichterfüllung in **vollkommener Weise** (Kethnboth 50a); im Tempelvorhof war ein Platz zur Hinterlegung von Almosen für verschämte Arme.

12. Nur wer zum Volk Israel gehörte, hatte Grundbesitz, aber auch nur als **Nutznießer**, so daß er gleich einem Erbpächter oder Lehnsbesitzer war. Gott als theokratischer König reservirte sich das Eigenthum: „mein ist das Land, spricht der Herr, ihr aber seid Fremdlinge und Beisassen vor mir" Lev. 25, 23. Wie Josef in Aegypten im Interesse des Volkes, nicht aus Eigennutz den Boden an den irdischen König brachte, so war derselbe im Mosaischen Staat theokratisches Eigenthum, für die besitzenden Familien daher ein Lehngut, auf dem sie wohnen und wirthschaften konnten, doch gehörte es ihnen so wenig als einem Fremden ein ihm geliehenes Gut gehört. Man

baute hierauf bekanntlich den Gedanken, daß es dem Offen=
barungsprincip nicht widerspricht, wenn auch heute Grund und
Boden verstaatlicht und, wie im Mosaischen Staat, lediglich
das durch Arbeit, Schenkung oder sonst redlich erworbene be=
wegliche Gut mit Häusern Privateigenthum wäre. Diese Idee
ist ohne Zweifel richtig; aber eine Ankaufssumme oder Ab=
findung, welche dann gleich anderen Mobilien in das Eigen=
thum der Entäußerten ginge, würde jedenfalls zu zahlen sein,
es sei denn, man betrachte mit George das Grundeigenthum
als ein ebensolches Unrecht, wie die eigentliche Sclaverei, welche
nicht bloß wegen Verschuldung über die Arbeitskraft, sondern
über Leib und Leben, wie über eine Sache verfügt. Auch zur
Brechung eines ungerechten Privat=Landmonopols kann die
Verstaatlichung übrigens ein gerechtes und nützliches Mittel
sein. Doch würde eine Verstaatlichung keineswegs eine absolute
sein müssen, welche die jetzigen Besitzer zu vertreiben und jeder
Familie des Reiches ein Landgut zu geben hätte. Es würde
genügen, daß die Besteuerung auf den jährlichen Werth von
Grund und Boden concentrirt würde. Andere Steuern, vor
allem indirecte Steuern, würden dann überflüssig und es wäre
eine Entwicklung der Dinge möglich, die nicht zwar die wenigen
schrecklich Reichen und die vielen schrecklich Armen conservirte,
aber doch allen ein gutes, sehr gutes Dasein gäbe, durch den
Fortbestand von Privatvermögen in Mobilien und Bauten auch
Manchen für Fleiß, Intelligenz, Erbschaft besser als andere stellen
würde und die Unterscheidung der Stände bestehen ließe. Zwar
würden Gauner noch immer gefährlich sein und deshalb möglichst
geknebelt werden müssen; aber ohne jene Grund= und Boden=
reform würde selbst die Abschaffung actualer Gauner nicht viel
helfen. Vgl. George, Sociale Probleme S. 186 ff.

13. Die Aufstellung des Lehensprincipes hatte zur
Folge, daß kein Grund und Boden eigentlich verkauft
werden durfte, der Art, daß er für immer an andere käme:
„denn mein ist der Boden, ihr seid Fremdlinge und Beisassen
(Lehensleute) vor mir". Durch die unblutigen Opfer, die Erst=
linge und Zehnten, wurde die Lehenspflicht fortwährend an=
erkannt; der Altar und dessen Diener nahmen dadurch stetig
in Gottes Namen und an seiner Statt das actuale Bekenntniß
Israels entgegen: wir sind Lehensleute des Herrn. Diese Be=
deutung hat es auch, wenn die Abgrenzung der Felder durch

Grenzsteine als eine heilige Anordnung in Gottes Namen eingeschärft wird. Dt. 19, 14. Auch die Vorschrift über die Reinhaltung der Saatkörner (Lev. 11, 37) enthält denselben Gedanken. Ebenso die Bestimmung, ein Feld nur mit einer Fruchtart zu bestellen, Lev. 19, 19, Dt. 22, 9; denn dadurch wurde die Achtung vor der natürlichen Ordnung und Sonderung der Dinge als einer von dem göttlichen Lehensherrn gegründeten Ordnung zur Pflicht gemacht. Besonders aber trat der Charakter des Lehensprincipes in dem Gesetz über das Sabbath- und Halljahr hervor.

14. Das Sabbathjahr steht auf der Basis des Wochensabbathes und predigt wie dieser, nur feierlicher, daß Gott, dem Oberherrn, zu Ehre eine Ruhe herrschen soll: der Verzicht Gott zu Ehre, im Gehorsam gegen Ihn, auf die Ernte jedes siebenten Jahres vom Acker, Weinberg und Oelgarten war ein großartig feierlicher Ausdruck der absoluten Lehensabhängigkeit, eine professio numinis divini, welche die christlichen Herrscher, um den Glauben, als der Güter erhabenstes, zu ehren, zeitweise nachahmten, als sie sich aus freiem Entschluß zu Lehensträgern des h. Petrus, des von Christus gegründeten theokratischen Seelenhirten erklärten. Professor Nowack an der protestantisch-rationalistischen Theologen-Facultät in Straßburg wiederholte in seiner Rectoratsrede vom 30. April 1892 (Münchener Allg. Zeitung vom 11. und 12. Mai d. J., Beilage) die Einrede, daß die Institution des Sabbathjahres praktisch die bedenklichsten Folgen haben mußte. Er übersah zunächst, daß der Ertrag des von selbst Wachsenden, welcher Gemeingut Aller war, nicht unbedeutend sein konnte, wenn das Getreide überreif wurde und die Nachlese bei der Ernte nicht zu sorgfältig war. Noch jetzt, wie Keil zu Lev. 25 ausführt, säen sich in den fruchtbaren Theilen Palästinas die Getreidearten in großer Menge spontan aus von den reifen Aehren, deren Ueberfülle kein Bewohner des Landes benutzt (Ritter, Erdkunde, XVI. Band, S. 283, 482, 693), und Strabo XI, S. 502 berichtet von Albanien, daß an vielen Orten das einmal besäete Feld zweimal Frucht trage, auch wohl dreimal, die erste sogar 50fältig. Dazu kommt aber vor allen Dingen, daß unser Gesetz nicht sowohl eine physische Recreation von Land und Volk im Auge hatte, sondern einen Sabbath, eine Ruhe für den Herrn, d. h. zur Ehre des Herrn, Lev. 25, 2:

es sollte das Land, weil Eigenthum des Herrn, ein ganzes Jahr ihm allein geweiht sein, so daß der Lehensbesitzer dem Lehensherrn zu Ehren auf neuen Erwerb verzichtet und bekennt, daß er mit allen Landeskindern gemeinsam in Gott sein höchstes Ziel hat, das ihn, wenn ganz erfaßt, auf's höchste befriedigt. Diese religiöse Seite der Institution ist dem Rationalismus eine ebensolche Thorheit, wie das Kreuz dem Heiden. Er sieht nichts Uebernatürliches, kennt nur Motive der natürlichen Ordnung und stößt sich daher an unserem Gesetz um so mehr, als dieselbe Vorschrift des Verzichtes auf die Ernte für jedes nach je 7 × 7 Jahren folgende fünfzigste Jahr hinzukam und so allem Anschein nach eine förmlich wirthschaftliche Unmöglichkeit erzeugen mußte, weil da das sechste Jahr, in welchem man zuletzt gesäet hatte, für sich, das folgende Sabbathjahr und das gleich anschließende Halljahr den Bedarf decken mußte. Aber Moses und sein Volk stand auf dem supranaturalistischen Standpunkt. Deshalb war es für die Gläubigen genügend, das Wort der Verheißung zu besitzen, Gott werde ihnen Segen spenden im sechsten Jahre, daß es den Ertrag für drei Jahre bringen werde. Lev. 25, 20 ff. Entsprechend dem Lehensprincip verkündigt aber auch der Lehensherr, daß er seine Hilfe vom Gehorsam der Lehensleute abhängig mache, von der treuen Erfüllung der Bundespflichten, über deren Beobachtung und Erfüllung er wache. Lev. 26, 32 ff.; Dt. 6, 26 ff.; 11, 7 ff. Daß das Sabbathjahr vor dem Exil gar nicht gehalten wurde, ist eine Behauptung Nowack's aus Eigenem, aus welcher er dann ebenso willkürlich folgert, daß eine gesetzliche Einrichtung eines Sabbathjahres vor dem Exil gar nicht bestanden habe. Daß dieses Gesetz nicht gewissenhaft gehalten wurde, ist eine andere Sache, welche 2 Chr. 36, 21 bezeugt wird mit der Wendung, daß die Strafe dafür, wie es auch Lev. 26, 34 f. vorausgesagt worden war, die langjährige Verödung durch die Chaldäer war,*) Nach dem Exil schärfte Nehemias (10, 31) wie den Sabbath, so das Sabbathjahr ein,

---

*) Daß die 70 Jahre des Exils gerade 70 „seit Moses" nicht gehaltenen Sabbathjahren entsprächen (so wenige waren ja nicht seit Moses bis zum Exil), ist 2 Chr. 36 nicht gesagt, sondern der Gedanke ist, daß die Verödung überhaupt eine Zwangsruhe statt freiwillig nicht gewährter Ruhe (wie oft sie nicht gewährt, wie oft das Sabbathjahr also nicht gehalten wurde, ist gar nicht gesagt) sei.

beide als altbekannte Dinge behandelnd, nicht als neue Institutionen.

15. Wie der Boden im siebenten Jahre Ruhe hatte, so sollte es auch der Schuldner haben. Es durfte von dem Volksgenossen, da er der Einnahme aus dem Acker entbehrte, in diesem Jahre keine Schuld eingetrieben werden, sie mußte "gestundet" werden. Dt. 14, 1 ff. Hartherzige waren natürlich leicht geneigt, bei der Nähe eines Sabbathjahres wegen dieser Stundung dem Bedürftigen ein Darlehen abzuschlagen; deshalb ermahnt das Gesetz nachdrücklich, daß solch ein nichtswürdiger Gedanke nicht aufsteigen möge. Wie Nowack gegenüber der allgemeinen Auffassung darin finden kann, es sei nicht Stundung, sondern voller Schuldnachlaß gemeint, weil bloße Stundung jene eindringliche Ermahnung nicht motivire, ist unverständlich. Denn Herzenshärte, wie sie das Gesetz zumal den Juden vorwirft, ist stets bereit, auch schon bei kleineren Opfern, die zugemuthet werden, sich geltend zu machen. Ueberdies spricht gegen Nowack der von ihm selbst erwähnte "Prosbul", welcher später nach talmudischer Meldung (Schebiith X, 3—7; Gittin IV, 3) unter Herodes 1. aufgebracht wurde; denn durch diesen "Prosbul" (wahrscheinlich) = $\pi\varrho o\sigma\beta o\lambda\eta$ Zusatz) wurde von einem Schuldner dem Recht des Gläubigers die gerichtliche Zusage beigefügt, jeder Zeit, ohne Rücksicht auf ein Sabbathjahr, ein Darlehen einziehen zu können.

Das Sabbathjahr begann im Monat Tisri, dem Monat der alljährigen, nun unterbleibenden Aussaat. Am 15. Tisri dieses Jahres wurde das Volk am Heiligthum versammelt, um mit der Vorlesung des Gesetzes das heilige Jahr zu beginnen (Dt. 31, 10—31, cf. Nehem. 8, 18), welches durch zahlreiche religiöse Uebungen, deren Mittelpunkt die Erklärung und Erwägung des Gesetzes bildete, zur Erneuerung des inneren Menschen, zur Stärkung des Glaubens dienen sollte.

16. Nach sieben Sabbathjahren, die 49 Jahre einschlossen, begann am Versöhnungstage, dem 10. Tisri, das 50. Jahr als Hall- oder Jobeljahr, benannt von dem Hall (hebr. Jobel cf. Exod. 19, 13; Jos. 6, 5) der Posaune, mit welchem es eingeleitet wurde, Lev. 25, 8—55. Wie am Sinai das Signal der Herabkunft des Herrn (Exod. 19, 13, 16, 19; 20, 18), so sollte nach Ablauf des siebenten Sabbathjahres die Posaune die gnadenreiche Ankunft Gottes melden durch den Anbruch

des Jahres, welches „allen Bewohnern im Lande Freiheit", Lösung der Knechtschaft, Rückkehr eines jeden zu seinem Besitz brachte und ohne Aussaat und Ernte war, wie das Sabbathjahr. Am Versöhnungstage ist der Anfang, denn nur die Vergebung der Sünden bringt die wahre Freiheit, mit der im Jenseits liegenden Vollendungsseligkeit, welche durch die Restitution der äußeren Verhältnisse in diesem Jahre versinnbildet werden sollte. Das Gesetz bestimmte nun:

a) die Rückkehr eines jeden zu seinem Besitz: redient omnes ad possessiones suas. L. 25, 13. Fand daher ein Verkauf von Grundstücken statt, so verkaufte man nur den Ertrag der bis zum nächsten Halljahr einkommenden Jahresernten (V. 15 f.), so daß der Acker für den Verkäufer nicht verschwand. Zur Motivirung wird wieder gesagt, daß Gott allein des Landes Eigenthümer, Israel aber nur Nutznießer und daher nicht befähigt ist, nach freiem Ermessen mit ihm zu schalten. V. 23. Demgemäß wird zugleich bestimmt (24 f.), daß im ganzen Lande „Lösung" sein sollte, d. h. der Bruder oder nächste Verwandte des Verkäufers soll berechtigt sein, diesen jeder Zeit loszukaufen; sind keine Verwandten da oder sind sie arm, aber der Verkäufer erwirbt vor dem Halljahr so viel, als zum Loskauf genügt, so soll er die Jahre des Verkaufes berechnen und die ihm (für den Ertrag der bis zum nächsten Halljahr noch übrigen Jahresernten) gemachte Zahlung dem Käufer zurückgeben; fehlen aber die Mittel, so bleibt der Käufer Eigenthümer der Ernten bis zum Halljahr. So wurde der Verkauf von Grundstücken durch dieses Gesetz zu einer Verpachtung auf bestimmte Jahre.

Beim Verkauf von Häusern in ummauerten Städten (V. 29 ff.) soll das Recht des Rückkaufes für das Jahr des Verkaufes gelten: wird das Haus aber in Jahresfrist nicht eingelöst, so behält es der Käufer für immer, für sich und seine Nachkommen, auch das Halljahr nimmt es ihm nicht. Hierbei war bestimmend, daß die Häuser in Städten nicht so eng mit dem Boden zusammenhängen, daß durch ihren Verkauf der ursprüngliche Grundbesitz verändert würde. Die Häuser der Gehöfte aber, der Meiereien und offenen Dörfer wurden zum Felde gerechnet und im Halljahre gleich dem Landbesitz zurückgestellt. Die Leviten hatten von dem Besitz der Stämme in einer Anzahl von bestimmten Städten Häuser, mit Fluren in deren Weichbilde, zur Benutzung; diese Häuser, wenn von einem Leviten verkauft, sollten zu jeder Zeit rückkäuflich sein und im Halljahre umsonst zurückfallen, und die Fluren sollten unverkäuflich sein, während Häuser, welche ein Levit außer jenen Städten etwa durch Kauf oder Schenkung erwarb, dem allgemeinen Gesetze unterlagen. (V. 32 ff.) Wer ein Grundstück kaufte (d. h. pachtete) und es dem Tempel verlobte, zahlte dem Heiligthume die bis zum Halljahre laufenden Jahreserntennach bestimmter Schätzung und im Halljahre fiel der Acker an den Urbesitzer zurück. (Lev. 27, 22 ff.) Vom Rückfall im Halljahre ausgenommen waren Aecker, welche der Urbesitzer dem Heiligthum verlobte und vor dem Halljahre nicht eingelöst hatte: sie waren „gebannt" dem Herrn, d. h. ihm unlösbar übergeben. (Lev. 27, 17 ff.) Menschen, die von der Obrigkeit „gebannt" wurden, z. B. wegen Götzendienst, und Thiere, welche idolatrisch oder sonst schändlich mißbraucht waren, mußten sterben.

b) Die zweite Wirkung des Halljahres war die Freisetzung der in Hörigkeit gerathenen Volksgenossen, Lev. 25, 35—55. Es betraf jene, welche sich wegen Armuth verkauft hatten. Ein solcher Mann mußte als Lohnarbeiter behandelt werden und wurde im Halljahr mit seinen Kindern frei, wenn er vorher nicht schon frei geworden; nach Exod. 21, 5 f. konnte er nämlich auch am Ende von sechs Dienstjahren seine Freiheit fordern, weshalb die Befreiung im Halljahr diejenigen betraf, welche bis dahin jene sechsjährige Dienstzeit noch nicht vollendet hatten. Auch konnte der Knecht auf seine Freiheit verzichten und für immer bei seinem Herrn bleiben. Als eigentliche Sclaven durfte man aber nur Fremde halten, diese auch auf immer (L. 25, 44 ff): ihre Arbeit und was sie fanden oder durch Schenkung oder sonst erhielten, gehörte ihrem Herrn, desgleichen die Kinder der Sclavin, auch wenn ein Freier ihr Vater war. Doch war die Tödtung des Sclaven (Exod. 21, 10) verboten: starb ein Sclave unter der Hand des Herrn, so war der Herr des Todes schuldig; schwere Verletzung gab den Sclaven die Freiheit (Exod. 21, 26 f.) — und hierdurch ist die von Moses wegen der Zeitverhältnisse zugelassene Sclaverei doch keine volle, ganz eigentliche, die willkürlich über Leben und Gut wie über todte Sachen verfügte. Dem Sclaven fielen die schwereren Arbeiten zu, welche der Miethknecht nur um besonderen Lohn leistete. Den Israeliten, der sich einem Fremdling verkaufte, sollten die Verwandten lösen oder, wenn er selbst zu Vermögen kam, sollte er sich, wo jene fehlten, selbst lösen. Während der Dienstzeit darf er nicht Sclavenarbeit thun und im Halljahr geht er mit seinen Kindern unentgeltlich aus. Der Miethling, weil kein Sclave, konnte auch während seiner Abhängigkeit Eigenthum erwerben durch Schenkung, Erbschaft u. s. w., den Erwerb von Frau und Kindern annehmen und Verletzungen mußten ihm, wie dem Freien ersetzt werden. Den Lohnarbeiter konnte man in Christi Zeit um einen Denar (¹/₄ Sekel) für den Tag haben, dafür aber konnte der Mann auch 48³/₄ Liter Gerste oder 24 Liter Weizen oder ¹/₄ Lamm kaufen, und bei dem Reichthum des Landes an Nahrungsmitteln hatte er überdies nebst dem Denar die Verköstigung beim Herrn, zumal die Mischna meldet, daß der um Lohnarbeit sich verkaufende Miethling in Speise, Trank, Wohnung (und gar Kleidung, was wohl auf den Sabbath und Festtage sich bezieht) dem Herrn gleich zu halten sei.*) Als Ersatz für einen Sclaven, den ein stößiger Ochs getödtet hatte, mußten 30 Sekel gezahlt werden Exod. 21, 32.

Nowack wiederholt l. c. die Behauptung des Rationalismus, das Halljahrgesetz sei erst in der Zeit Ezechiel's entstanden, weil vor dem Exil kein Autor sich darauf berufe. Aber dies ist ein unkräftiges Argumentum e silentio. Ferner bezieht sich Ezech. 46, 17 auf die Sache keineswegs als auf

---

*) Der Arbeitslohn war demnach relativ hoch, was sich eben wieder aus dem natürlichen Lohngesetz erklärt, daß die Löhne von dem Product abhängen, welches die Arbeit ohne Zahlung von Grundrente erzielen kann (S. George l. c. 189 ff.); Grundrente gab es aber, wo jede Familie ihren unveräußerlichen Acker hatte, bekanntlich nicht. Hätten wir aus den verschiedenen Zeiten des vorchristl. Israel statistische Berichte über die Schwankungen von Zinsen und Löhnen, so würden sich als Ursachen ohne Zweifel Differenzen über die Grenze des Anbaues ergeben, die durch Krieg, Mißwachs, Seuchen zu Wege gebracht werden mußten. Es würde dann ohne Zweifel auch an dem Palästina der alten vorchristl. Zeit ersichtlich sein, daß der Lohn von der Grenze des Anbaues abhängt, sinkt wie letztere sinkt und steigt wie jene steigt. Ebenso, daß der Zins von der Grenze des Anbaues abhängt, sinkt wie letztere sinkt und steigt wie jene steigt (S. George 194 f.). Wo der Zugang zu den Stoffen der Natur dem Mos. Gesetze gemäß frei blieb, mußten Löhne und Zins gutstehen; wenn Zufälle wie Krieg und ungerechte, dem Gesetz widerstrebende Latifundien entstanden, mußten Zins und Löhne leiden.

etwas Neues, sondern im Gegentheil, da die kurze Hinweisung die Institution offenbar als alt= und allbekanntes voraussetzt. Endlich ist die Behauptung, daß die Gesetzgebung des Leviticus nachmosaisch sei, eine im kecken Widerspruch gegen die mehr= tausendjährige Lehre der Geschichte stehende Leistung hyper= kritischer Phantasie, welche sich auf willkürliche, kunstexegetische Behandlung der Texte stützt, nach Belieben einlegt und aus= legt und dann wähnt, etwas bewiesen zu haben. Daß man über die Beobachtung des Gesetzes keine sicheren Nachrichten hat, beweist auch nicht die Wahrheit der talmudischen Meldung das Jobeljahr sei in der nachexilischen Zeit gar nicht gehalten, sondern nur gezählt worden. à la Nowack könnte man (cf. oben seine Folgerung bezüglich des Sabbathjahr n. 14 gegen Ende) aus dem Mangel an Nachrichten über die Haltung des Ge= setzes und gar, wenn man der angeführten Talmudmeldung folgen wollte, auch schließen, es habe weder vor noch nach dem Exil ein Gesetz dieser Art existirt, Ezech. 47, 17 sei eine Glosse und erst die Talmudisten hätten die Existenz des Ge= setzes fingirt, um seine Nichthaltung als eine Ermunterung für die Idee zu geben, daß man sich um die Nichterfüllung von Satzungen, zumal unter dem Einfluß der „unfreien, bösen Natur", nicht sorgen brauche.

17. Das Erbrecht. Grund und Boden gehörten als Nutzeigenthum unveräußerlich den Familien, welchen sie ur= sprünglich zugetheilt wurden. Der Erstgeborne erhielt von der ganzen Hinterlassenschaft, einschließlich des beweglichen Gutes, ein Doppeltheil, mußte aber die Mutter (resp. überlebenden Witwen des Vaters) versorgen; ebenso lag ihm auf die Ali= mentation seiner Schwestern bis zu deren Vermählung und bei diesem Anlaß hatte er gemeinsam mit den Brüdern ein Zehntel des ganzen Vermögens als Mitgift zu geben (Moses Bloch), das mosaisch=talmudische Erbrecht 1890 Buda= pest, S. 15). Vorhandene Brüder des Erstgebornen erbten ein= fache gleiche Theile. Waren z. B. vier Söhne da, so wurde alles zunächst in vier gleiche Theile getheilt, zwei davon nahm der Aelteste, während die drei folgenden den Rest durch 3 dividirten. Gesetzlich hatten die Schwestern vor der Vermählung nur das Recht auf die Alimentation, ausnahmsweise wurden sie aber thatsächlich nicht selten betheiligt (Jos. 15, 16 ff.; Richt. 1, 12, 15).

Ueberlebten nur Töchter, so erbten sie zu gleichen Theilen, mußten aber Männer ihres väterlichen Stammes nehmen (Numeri 36, 8). Wenn Rabbi Moses Bloch dies l. c. S. 4, Anm. 5 nach dem Talmud (Baba bathra 120a) bloß für jene Generation gelten läßt, welche das Land zuerst in Besitz nahm, so zeigt sich in dem Beispiel von Tobias und Sara (Tob. 6, 12) und bei Josephus (Alterth. 4, 7. 5), daß es fortgehend auch für alle folgenden Generationen galt. Daneben aber bestand, daß ein Mann, welchen eine Erbtochter aus einem anderen Stamme heiratete, in den Stamm der Frau überging; denn nur so erklärt sich, daß Jair, dessen Vater aus Juda und dessen Mutter aus Manasse war (1 Chr. 2, 21), ein Sohn des Manasses heißt (Num. 32, 41; Dt. 3, 14) und als solcher im Ostjordanland ein Gebiet erhielt Num. l. c. Dt. 10, 3. 4.

Starb Jemand ohne Kinder und war die Witwe noch heiratsfähig, so konnte sie zur Leviratsehe schreiten; der Besitz kam dann für den Erstgebornen und dessen Brüder zur üblichen Vertheilung. Kam die Ehe mit dem Levir nicht zu Stande, so konnte sich die Witwe frei verheiraten und der Besitz gelangte wieder in üblicher Weise zu den Kindern. War die Witwe nicht heirathsfähig und außer Stande, das Gut zu verwalten, so trat der Schwager (levir) oder sonst ein Verwandter den Besitz an und hatte die Witwe zu unterhalten.

Nach Num. 46, 3 hatte der Mann Erbrecht an den Gütern der kinderlos verstorbenen Frau. Hatte sie Kinder, so wurde, was sie für sich besessen hatte, an diese zu gleichen Theilen vertheilt, da die Bevorzugung der Erstgeburt nur für das väterliche Vermögen galt. Starb der Mann ohne Kinder oder Frau zu hinterlassen, so kamen die nächsten Blutsverwandten an die Reihe (Num. 27, 8—11). Rabbi Moses Bloch gibt nachstehende Figur (l. c. S. 18):

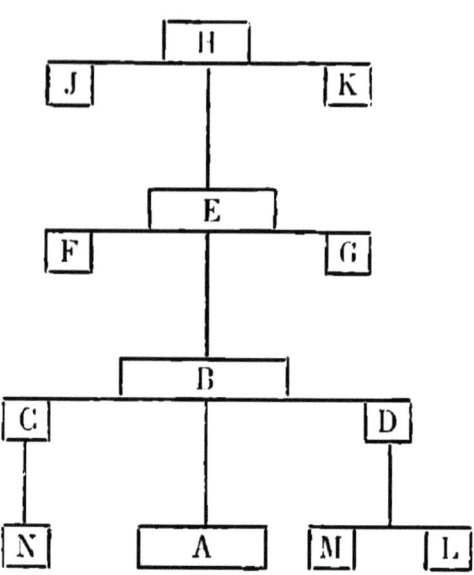

„Stirbt A ohne Descendenten, so erbt dessen Vater B; ist dieser vor seinem Sohne A gestorben, so sind dessen Söhne C und D, des Erblassers Brüder, Erben. Sind C und D schon todt und zwar C mit Hinterlassung einer Tochter N und D mit Hinterlassung eines Sohnes M und der Tochter L, so erhalten N und M jeder die Hälfte des Nachlasses, während L nichts erbt. Sind auch diese Kinder des C und D vor A gestorben, so erbt Großvater E, und wenn auch dieser nicht mehr am Leben war, so erben dessen Töchter F und G, ev. deren Descendenten. In dritter Reihe folgt der Urgroßvater H und nach ihm dessen Söhne J und K und ihre Descendenten u. s. w. in aufsteigender Linie bis zum letzten Stammvater."

Belege: Die Werke über biblische Archäologie von Schegg (kath.), Saalschütz (Jude), Haneberg (kath.), Michaelis (mosaisches Recht, Rationalist), Keil (Prot.), Ewald (Rationalist) u. A., sowie die Commentatoren zum Pentateuch Keil (Prot.), Knobel, Dillmann (Rationalist), Bonfrère (kath.) u. A.

Gegen die von Nowack vertretene Behandlung des Mosaismus vgl. Bredenkamp, Gesetz und Propheten, Erlangen 1881; Boos, die Geschichtlichkeit des Pentateuch, Stuttgart; Naumann, Wellhausen's Methode kritisch geprüft, Leipzig 1885; Finsler, Darstellung und Kritik Wellhausen's, Zürich 1887; Selbst, im Mainzer Katholit 1888.

Zweiter Theil.

Unsere Noth.

Motto: Wehe euch, die ihr Feld an Feld
reihet! Jsai. 5, 8.

1. Die Lage.

1. Die mosaische Gesetzgebung beugte der Massenarmuth vor, indem sie es hinderte, daß Einzelne durch ein Landmonopol die Arbeitsgewinne aller an sich reißen konnten. In Zeiten aber, wo es etlichen Reichen gleichwohl gelang, Feld an Feld zu reihen, standen auch furchtlose Männer wie Jsaias und Micha auf, um gegen diese private Concentration des Landbesitzes das Gericht des Himmels, die Strafe Gottes zu verkünden. Würden diese Männer heute anders reden? Unmöglich. Dies zu zeigen, will ich auf den folgenden Blättern die lichtvollen Gedanken des gefeierten Henry George für weitere Kreise zur Darstellung bringen; freilich gebe ich einigen Ideen des berühmten Mannes eine andere Wendung und scheide aus, was hie und da Irriges unterläuft, aber wir kommen zu dem gleichen Resultat.

2. Die großen Erfindungen unseres Jahrhunderts haben die Mühsal des Arbeiters nicht erleichtert, seine Lage nicht verbessert. Die enorme Vermehrung an Güter hervorbringender Kraft hat die Armuth nicht vermindert, sondern vermehrt. Aus allen Theilen der civilisirten Welt kommen Klagen über Arbeits- und Geldmangel, über Entbehrung, Sorgen und Leiden der großen Menge. Dieser Zustand ist allen Staaten gemeinsam, den Republiken wie den Monarchien, den Ländern des Freihandels wie der Schutzzölle, den Gebieten, wo mit

Gold und Silber gezahlt wird, wie den Ländern des Papier=
geldes, den Ländern des absolut allgemeinen Stimmrechts wie
denjenigen der angeblich (factisch leider nicht) vorhandenen
wirklichen Vertretung der Gesellschaft in ihrer berufs=
mäßigen Gruppirung, den Ländern nationalen Haders und
nationalen Friedens, den Ländern mit Aristokratie und ohne
solche, den Ländern des Militarismus und den Staaten ohne
stehende große Heere.

3. Die gemeinsame Noth kann nicht durch locale
Ursachen erklärt werden, es muß den Schwierigkeiten eine
überall gemeinsam wirksame Ursache zu Grunde liegen. Anstatt
daß der moderne Fortschritt in den Methoden und Werkzeugen
der Arbeit den gemeinsamen Wohlstand fördert, erscheint er
überall mit der Armuth am Arm. Ein Theil, die geringere
Zahl von Menschen, bemächtigt sich seiner Vortheile und wohnt
überall im Hause des Ueberflusses, während die Massen trotz
Fleiß und Arbeitslust nichts profitiren und in wachsender Zahl
die Hütten des Mangels beziehen müssen. Den Grund dieser
traurigen Erscheinung finden Manche sich selbst widersprechend
in angeblicher Ueberconsumtion wie umgekehrt in einer Ueber=
production, Andere aber ebenso irrig in der ausgedehnteren
Anwendung der Eisenbahn, der Maschine und sonstiger Erfin=
dungen, als ob diese guten Dinge nicht gut für alle sein
könnten.

4. In Wirklichkeit ist es der Mißbrauch des Fortschritts
durch das ungerechte private Landmonopol, welches
aller Orten gleichmäßig als die Hauptursache der Weltnoth
erscheint. Durch das Monopol wird der Preis ungerecht geftei=
gert, der Zutritt zu den nothwendigen Dingen, zu Gottes
freien Gaben unmöglich gemacht. Wenn P. Lehmkuhl (th. mor.
1, S. 780) meint, die Monopole seien in unserer Zeit wegen
der Leichtigkeit des Verkehrs viel schwerer zu gründen als
früher, so zeigt gerade die für Grund und Boden überall vorlie=
gende Erfahrung das Gegentheil, und eben die Leichtigkeit des
Verkehrs, eine herrliche Folge des Erfindungsgeistes, ist es,
welche dafür gleich anderen Dingen mißbraucht wird. Ich be=
kenne (vgl. P. Lehmkuhl 1, 549), daß gewisse Güter natur=
gesetzlich, einem Bedürfniß der menschlichen Natur entsprechend,
Privateigenthum sein müssen. Auch Henry George ist dieser
Ansicht; obgleich er das Privateigenthum an Grund und Boden

ein Unrecht nennt, nimmt er die beweglichen Güter und Häuser aus, und die mosaische Legislation zeigt jedenfalls, daß der Eigenthum=Charakter des Landbesitzes kein Postulat des Naturrechts ist. Lehrt nun aber ferner die christliche Ethik gleich derjenigen des Philosophen, daß Anordnungen des positiven Rechtes wandelbar sind, daß die Bestimmungen insbesondere des menschlichen Rechtes aufhören, gerecht zu sein und daher unverbindlich werden, wenn sie das Gemeinwohl schädigen statt zu fördern: so ist unzweifelhaft richtig, daß die im menschlichen Gesetz ausgesprochene Geltung des privaten Eigenthums auch für Grund und Boden durch die menschliche Gesellschaft beseitigt werden muß, wenn der Noth, welche die großen Massen drückt, auf anderen Wegen nicht wirksam gesteuert werden kann. Diese Lehre wird gewiß von allen, Theologen wie Juristen, gut geheißen. Aber auch Henry George steht im Grunde auf demselben Standpunkt, indem er die Abschaffung aller Steuern mit Ausnahme einer Steuer auf den Landwerth als genügend für die Heilung der Schäden erklärt. Er hat Recht, wenn er das Privateigenthum an Grund und Boden als ein Unrecht bezeichnet, sofern jemand sagen wollte, dieses Privateigenthum sei eine Forderung des Naturgesetzes. Aber indem er von der Besteuerung redet, gibt er thatsächlich zu, daß die bestehende Auffassung des menschlichen Gesetzes, welche den Landbesitz als Privateigenthum geltend macht, der Beseitigung der socialen Schwierigkeiten nicht entgegen steht. Indem er von der Besteuerung redet, ist es inconsequent, daß er sagt, seine Reform sei keine bloße Steuerform, sondern sie hebe das Privateigenthum für den Landbesitz auf. Er könnte wohl sagen, daß der absolute Charakter des Privateigenthums eingeschränkt werde, sofern die staatliche Aneignung der Grundrente eine relative Verstaatlichung des Landes ist. Aber die einfache Cassierung des privaten Eigenthumbesitzes ist offenbar nicht vorhanden, wenn wir den Bodenwerth zum gemeinen Nutzen besteuern.

5. Wir sahen daher, daß auch Leute, welche auf dem Boden des herrschenden menschlichen Gesetzes stehen, jüngst im Wiener Reichsrath die Besteuerung des Landwerthes vorschlugen. Wir begegneten da reichen Leuten, welchen die reinste Hingebung für alles, was der Menschheit nützlich ist, diesen Vorschlag eingab. Indem wir aber zugleich die Vertreter des anti=

chriſtlichen Liberalismus in Wort und Preſſe einmüthig ſich
als Gegner dieſes Vorſchlages erheben ſahen, wurde es deutlich,
daß nicht die chriſtliche Weltanſchauung die Feindin des All=
gemeinwohls iſt, ſondern jene aller Orten zahlreich gewordene
Lügenpartei, welche gleichmäßig Moſes und Chriſtum ver=
leugnet. Die Abſchaffung dieſer Partei oder die Beſeitigung
ihres Einfluſſes durch die Macht der Ueberzeugung, den ſtarken
Arm der Regierungen und das Votum, die freie Abſtimmung
des Volkes iſt daher ohne Zweifel ein nothwendiger Schritt,
um zur Reform zu gelangen. Wenn die ſtrengſten Moraliſten,
wie der h. Alphons von Liguori (l. 3 n. 382, 4) ſelbſt den Pri=
vaten geſtatten, den Angriff auf Glücksgüter von großer Be=
deutung, falls kein anderer Ausweg möglich iſt, durch die Töd=
tung des Angreifers abzuwehren, ſo hat das Volk ohne Zweifel
das Recht zu fordern, daß die Regierungen im Nothfall auch
gewaltſam jene unterdrücken, welche die immer ſchrecklicher wer=
dende Noth der Maſſen nicht heilen, ſondern verewigen wollen.
Aber indem wir jene bekämpfen, welche das Volk an den
Bettelſtab brachten und ſeine Löhne zum Hungerlohn machten,
ja Arbeit ſelbſt dem zur Arbeit willigen Mann vorenthalten,
ſo bedarf es nicht der Predigt, welche als Mittel des Heiles
die Abſchaffung des privaten Landeigenthums verlangt, ſondern
das Ziel, für welches wir die Freunde des Volkes aufrufen, iſt
die Brechung der monopoliſtiſch gewordenen Natur des
Grundbeſitzes oder des privaten Landmonopols durch die Be=
ſteuerung des Bodenwerthes. Jude Flürſchheim ſchlug eine
Verſtaatlichung nach dem Muſter des ägyptiſchen Joſeph vor.
Ja, hätten wir ägyptiſche Joſephe, in Verſuchung und Trübſal
bewährte, durch Gottes Wunder anerkannte Männer am Ruder,
ſo wären wir wohl der Sorge leicht enthoben. Aber wie man
nicht Sperlinge fängt, indem man ihnen Salz auf die Flügel
ſtreuet, ſo kann man auch keine großen Männer in das Amt
einſetzen, bevor man ſie hat. Unter den üblichen Verhältniſſen,
in welchen wir leben, umgeben von dem Einfluß der Leiden=
ſchaften und Schwäche, wäre die Auslieferung des Bodens
ſelbſt an eine auch hochachtbare Perſönlichkeit aus der gewöhn=
lichen ſterblichen Schaar ein gewagtes Unternehmen. Die Um=
gebung, welche des Regenten Entſchlüſſe zu leiten verſtände,
würde mit dem Beſitz des Bodens direct über Leib und Leben
verfügen, während die George'ſche Idee der Beſteuerung, zumal

unter der öffentlichen Controle einer wirklichen Vertretung der berufsmäßig gruppirten Gesellschaft, dem wirklichen Bedürfniß dient, aber jene Gefahr nicht in sich schließt. Zeigen wir nun, daß in dem privaten Landmonopol, welches wir durch die Besteuerung der Bodenwerthe zu brechen wünschen, in der That die Hauptursache der socialen Uebel, der bis zum Elend der Massen gesteigerten ungleichen Gütervertheilung gelegen ist. Daß Flürscheims Project die Nation in förmliche Sklaverei bringen würde, hat ein deutscher Veteran auf diesem Gebiet, Ottomar Beta, nachgewiesen in der Schrift: „Warum liegen wir Deutsche in den Ketten der Schuldknechtschaft?" (Berlin, bei Schneider, Großbeerenstraße 41, S. W.). Die jetzigen Besitzer würden nämlich nach Flürscheims Plan ihr Eigenthum in die Verwaltung von Staat oder Gemeinde geben, um dafür aus staatlich garantirten Rentenbriefen eine entsprechende Einnahme zu beziehen. Daß aber Juda in nur wenigen Jahrzehnten den einfältigen Besitzern der Rentenbriefe ihre papierene Habe entreißen, daß diese, einmal den Gesetzen des Marktes unterworfen, explosionsartig aus den Händen der Nation verschwinden würde, wer könnte das bezweifeln?

2. Arbeitslohn und Capital.

1. Allseitig wird anerkannt, daß der Lohn trotz des fortschreitenden Reichthumes, trotz der vermehrten Productionskraft nach einem Minimum strebt, das nur zum bloßen Lebensunterhalte ausreicht. Gewöhnlich sagt man, daß der Lohn durch das Verhältniß zwischen der Arbeiterzahl und der für ihre Beschäftigung vorhandenen Summe von Capital bestimmt wird und beständig jenem Minimum zustrebe, weil die Vermehrung der Arbeiter die Tendenz habe, jeder Capitalsvermehrung zu folgen und sie zu überholen. Man glaubt, daß die für die Löhne zur Vertheilung gelangende Summe in jedem Staate eine fest bestimmte sei und von der Concurrenz der ausländischen Arbeit noch weiter verkleinert werden müsse. Dieser Glaube liegt auch meistens jenen Theorien zu Grunde, welche in der Abschaffung des Zinses und in der Beschränkung der Concurrenz ein Mittel erblicken, um den Antheil des Arbeiters an der Production zu vergrößern.

Wäre in der That der Lohn von dem Verhältnisse zwischen der Arbeiterzahl und der für sie vorhandenen Capitalsumme abhängig, so müßte das Capital reichlich vorhanden sein, wo die Löhne hoch, und verhältnißmäßig selten, wo die Löhne niedrig sind. Da nun das zur Lohnzahlung angeblich erforder= liche Capital großentheils aus dem beständig Anlage suchenden Capitale bestehen müßte, so wäre der herrschende Zinsfuß der Maßstab des Mangels oder Ueberflusses an Capital, und hohe Löhne müßten von einem niedrigen, niedrige Löhne von einem hohen Zinsfuße begleitet sein, wenn der Lohn durch das Ver= hältniß der Arbeiterzahl zu dem für sie vorhandenen Capitale abhängig wäre. Nun aber ist thatsächlich der Zins (d. h. der Entgelt für die Benützung von Capital) hoch, wo und wann die Löhne hoch, und niedrig, wo und wann die Löhne niedrig sind. Wohin der Arbeiter geht, um höhere Löhne zu empfangen, dorthin geht auch das Capital, um höhere Zinsen zu erhalten. Wo die Löhne steigen oder fallen, da findet auch ein ähnliches Steigen und Fallen im Zinsfuße statt. In neuen Ländern, wo relativ weniger Capital ist, sind die Löhne höher, als in alten Ländern mit relativ größerem Capitale; wenn die Gegner dies dadurch erklären wollen, daß in den neuen Ländern eine größere **Production** die größeren Löhne verursache, so geben sie offenbar ihren Standpunkt auf, daß der Lohn durch das **Verhältniß zwischen dem Capitale und der Arbeiterzahl** bestimmt werde, und außerdem streitet gegen sie, daß in alten, dicht bevölkerten Gegenden die Production relativ größer ist, als in neuen, schwach bevölkerten Ländern, sowie, daß auch in **alten Ländern beim Fallen der Löhne Ueberfluß an** Capital vorhanden ist, das zu **niedrigen** Zinsen Anlage sucht.

Der Grund, weshalb man das Verhältniß von Capital und Arbeiterzahl als bestimmend für den Lohn ansah, lag in der falschen Annahme, daß der Lohn aus dem Capitale ent= nommen werde, während vielmehr die zur Production ver= wendete Arbeit die Quelle des Lohnes ist. Weil die Löhne gewöhnlich in Geld und oft eher gezahlt werden, als das Er= zeugniß der Arbeit vollendet und benützt werden kann, so schloß man, daß die Löhne aus früher vorhandenem Capitale ent= nommen würden, und daß somit der Gewerbefleiß durch das Capital beschränkt sei, d. h. daß Arbeiter nicht beschäftigt werden können, bis Capital aufgehäuft sei, und nur insoweit, als letzteres vorhanden sei. Dennoch nannte man Capital aufgespeicherte Arbeit, bezeichnete es als jenen Theil des **Arbeitsergebnisses, der gespart wird, um die künftige Production zu unterstützen.** Und so ist es, mögen wir die einfachen oder die entwickelteren Zustände der Gesellschaft betrachten: der Lohn ist das Ergebniß der Arbeit, und **was für weitere Production von diesem Ergebnisse gespart wird, ist Capital.**

2. Die **Arbeit** bezeichnet alle menschliche Anstrengung bei der Hervorbringung von Gütern, und der Lohn schließt alle Erstattungen für Arbeit in sich; die Arbeit selbst ist seine directe Quelle. **Capital** aber nennt man diejenigen Dinge eines durch Arbeit erzeugten Vermögens, welche man zu neuer Production verwendet: so sind Eier, welche man ausbrüten läßt, um neue Hühner zu haben, ein Capital, nicht aber, wenn man sie verzehrt. Außer der Arbeit und dem Capitale ist **Land oder Grund und Boden** ein Factor der Production. Dieser dritte Factor, die Basis der anderen, umfaßt die Oberfläche der Erde, alle natürlichen Stoffe, Kräfte und Vortheile, Alles, was die Natur frei liefert. Als **Güter**, welche das Ziel der Production sind, gelten aber wirthschaftlich nur jene Dinge, welche aus natürlichen Substanzen bestehen, die durch menschliche Arbeit für Menschen nützlich gemacht werden, wie Gebäude, Zuchtvieh, Ackerproducte, Werkzeuge, Maschinen, Wagen, Möbel, Schiffe u. s. w. Ihre Nützlichkeit oder Tauglichkeit, menschlichen Wünschen zu dienen, haben sie durch die Arbeit, welche zu ihrer Erzeugung auf die natürlichen Substanzen verwendet werden mußte; einen Werth oder Preis aber haben die Güter, so nützlich sie auch sein mögen, erst dann, wenn Jemand Willens ist, Arbeit oder das Product der Arbeit dafür zu geben. Die wirthschaftlichen Güter sind also natürliche Producte, welche durch die Arbeit herbeigeschafft und für die Befriedigung menschlicher Bedürfnisse zubereitet werden; die Güter sind ein durch die Arbeit zubereiteter Stoff, so daß in diesem Stoffe die Kraft menschlicher Arbeit aufgespeichert ist, wie die Sonnenwärme in der Kohle. Nichts, was die Natur dem Menschen ohne Arbeit gibt, ist ein Gut im wirthschaftlichen Sinne; noch ist das Product der Arbeit ein Gut, wenn es nicht die Kraft der Bedürfnißbefriedigung hat und behält. Da nun das Capital der für **neue Pro-**

duction bestimmte, durch Arbeit entstandene Gütervorrath ist, so kann nichts Capital sein, was freie Gabe der Natur ist, oder als Product von Arbeit für die Befriedigung menschlicher Bedürfnisse ohne Bedeutung ist. Obwohl aber das Capital aus Gütern in dem angegebenen Sinne besteht, so ist doch nicht die Gesammtheit der Güter Capital, sondern blos derjenige Theil derselben, der zur Unterstützung weiterer Production gewidmet wird. Das Geld also, welches man im Geschäfte verwendet, ist Capital, nicht aber das im Haushalte oder für persönliche Ausgaben gebrauchte. Jener Theil der Ernte, der zum Verkaufe, zur Aussaat oder zum Unterhalte der Arbeiter dient, ist Capital, nicht aber der zum Verbrauche der Familie bestimmte Theil. Pferde und Wagen des Lohnkutschers sind Capital, nicht aber die zum Vergnügen des Besitzers dienende Equipage. Cigarren des Händlers sind Capital, nicht aber die des Rauchers. Denn Capital ist jener Theil des Vermögens, von dem man ein Einkommen erwartet, der für diesen Zweck also geeignet ist und dafür bestimmt wird. Güter also, welche in der Hand des Consumenten sind, erscheinen nicht als Capital; Geld (Münze), wodurch Güter repräsentirt werden, ist in der Hand des Producenten Capital, nicht aber in der Hand des Consumenten. Güter, die noch ausgetauscht werden müssen, um consumirt zu werden, sind Capital, beim Consumenten angelangt, nicht mehr. Das Capital umfaßt die im Austausche begriffenen Güter, der Austausch bezeichnet aber nicht blos das von Hand zu Handgehen, sondern auch die Umwandlungen, welche durch die zur Gütervermehrung stattfindende Benützung der Naturkräfte entstehen. Werkzeuge, deren Verwendung ausgetauscht, d. i. also zur Umwandlung des Stoffes in verkäufliche Dinge benützt wird, sind Capital: so ist die Drehbank des Handwerkers Capital, diejenige des zum Vergnügen sie gebrauchenden Mannes aber nicht; das Hotel, die Eisenbahn, der Postwagen im Dienste der Eigenthümer sind Capital, nicht so im Dienste des sie benützenden Reisenden, der hier als Consument erscheint. Es kommt dabei auch zur Geltung, daß man das Capital als den für die Production bestimmten Theil der Güter bezeichnet. Denn die Production beschränkt sich nicht auf die Anfertigung der Dinge, z. B. den Bau des Hotels, der Eisenbahn, sondern sie schließt auch die Uebermittlung derselben an die Consumenten ein, wie die Uebergabe des Hotelzimmers, des Platzes im Coupé an den Reisenden. Der Kaufmann, welcher Cigarren verkauft, ist daher ebensowohl Producent, als der Cigarrendreher, und in der Hand des einen, wie des anderen, sind die Cigarren Capital, oder Güter, von welchen sie ein Einkommen erwarten. Der Besitz von Gütern eines gewissen Betrages ist gleichwerthig mit dem Besitze aller anderen Güter, die im Austausche dasselbe werth sind.

3. Der berühmte Schotte Adam Smith († 1790) sagte sehr richtig, der **Arbeitsertrag sei der natürliche Arbeitslohn**, beschränkte dies aber irrig auf den ursprünglichen Zustand einfacher Verhältnisse, in welchen ein Sammler von Vogeleiern, Austern oder Beeren die Eier, Austern oder Beeren mit Recht als den Lohn seiner Sammelarbeit betrachtet. Es gilt aber der Satz, daß **die Arbeit des Lohnes Quelle ist, für alle Verhältnisse**. Am nächsten den einfachen Verhältnissen stehen jene, in welchen der Arbeiter, obgleich für Andere oder mit dem Capital Anderer arbeitend, den Lohn in natura erhält, d. h. in den Dingen, welche seine Arbeit erzeugt. Wenn ich den Arbeiter miethe, Eier zu sammeln, oder Schuhe zu machen und ihn aus den Eiern oder Schuhen, welche seine Arbeit liefert, bezahle, so ist ohne Zweifel die Quelle seines Lohnes die Arbeit, für welche er bezahlt wird. Jakob's Dienst bei Laban, der Ackerbau auf Antheil, das „Halbpachtsystem", die Fälle, in welchen Aufseher, Commis u. A. durch einen Antheil am Geschäftsgewinn bezahlt werden, ergeben den Lohn offenbar als einen Theil des Arbeitsertrages, als ein Erzeugniß der Arbeit. Dasselbe findet statt, wo der Lohn, obgleich in natura veranschlagt, in etwas anderem von gleichem Werth gezahlt wird. So bekommen die Wallfischfänger als Lohn einen Antheil vom Fange; ob nun aber der Schiffsherr ihnen diesen Antheil in Thran und Fischbein oder zum Marktpreise in baarem Geld bezahlt, ändert nichts an der Thatsache, daß die Arbeit die Quelle ihres Lohnes ist. Das Geld ist nur das Aequivalent des wirklichen Lohnes, des Thranes und Fischbeins. Die Zahlung findet nicht aus dem Capital statt; sie erfolgt, nachdem die Fische, aus welchen sie geleistet wird, im Hafen angelangt sind; indem der Schiffsherr aus seinem Capital baare Zahlung macht, verliert er kein Capital, da er im selben Augenblick dem Capital Thran und Fischbein hinzufügt.

Auch die sonstigen Weisen zeigen kein anderes Verhältniß. Eine Gesellschaft beansprucht einige Inseln bei San Francisco, welche ein Brutplatz von Seevögeln sind. Zur passenden Zeit schickt sie Leute hin, die Eier zu sammeln. Wäre das Resultat unsicher wie beim Wallfischfang, so würde sie die Leute auf Betheiligung annehmen. Aber die Vögel sind so zahlreich, daß man gewiß ist, so viele Eier zu bekommen, als Arbeit zum Sammeln angewandt wird. Man dingt daher die Leute um festen Lohn, welcher ihnen am Ende der Saison ausgezahlt wird. Offenbar stellt das Geld die Eier dar, durch deren Verkauf es erlangt wird; es ist ebensowohl ein Product der Arbeit als die Eier, welche ein Mann für sich selbst sammelt. Die Gleichheit des Geldlohnes und des Lohnes in natura ist unverkennbar, und ebenso, daß die Arbeit den Fond schafft, aus welchem der Lohn gezahlt wird. Im Durchschnitt ergibt die um festen Lohn geleistete Arbeit mehr als den Betrag des Lohnes, weil die Arbeitgeber sonst keinen Gewinn hätten; da der Arbeitgeber das Risico übernimmt, so steht auch der fixirte Lohn etwas niedriger als ein direct vom Ertrag abhängender; für gewöhnlich gilt auch, daß Unglücksfälle, welche den Arbeitgeber verhindern, aus der Arbeit Nutzen zu ziehen, ihn auch exinuren, Lohn zu zahlen, selbst wo fixe, nicht contingentirte Löhne vereinbart waren: so sehr ist man überzeugt, daß die Production die Mutter des Lohnes ist, daß der Lohn aus der Arbeit, nicht aus dem Capitalvorschuß stammt.

Man sagt zwar, daß die Arbeit sich nicht bethätigen könne, wenn sie nicht durch das Capital mit Nahrung und Kleidung versorgt würde; aber Kleidung und Frühstück verschafft sich der Arbeiter selbst, der Natur der Dinge nach aus dem Ersparniß seiner früheren Arbeit oder durch den Austausch seiner gegenwärtigen Arbeit mit gleichzeitiger Production anderer Arbeiter (s. unten n. 4), weshalb denn auch niemals ein Arbeiter gefunden wird, der nicht bis zum Ende des Tages auf die Lohnzahlung warten will. Es bleibt also als sicher bestehen, daß die Lohnzahlung der Arbeitsleistung folgt, was immer über den Termin der Zahlung ausgemacht werden mag.

Nehmen wir einen Arbeitgeber, der Rohstoffe in fertige Fabrikate umarbeiten läßt und seinen Leuten wöchentlich zahlt. Beim Beginn der Arbeit besteht sein Capital aus Gebäuden,

Maschinen, Rohstoffen, Baargeld. Zahlt er Ende der Woche aus, so mindert sich das Baargeld; es sind weniger Rohstoffe, weniger Kohlen u. s. w. vorhanden und auch Gebäude und Maschinen sind um ein gewisses abgenutzt. Inzwischen aber wurde ein Vorrath fertiger Waaren nutzbringend abgesetzt, so daß alle jene Verminderungen ausgeglichen und noch ein plus herauskam: Offenbar stammten also die Löhne der Leute aus dem Ertrag ihrer Arbeit. Das Verhältniß ist kein anderes, wenn der Arbeitgeber zur Zeit der Lohnzahlung den Waarenvorrath noch auf Lager hält: er besitzt da in Waaren, was er den Arbeitern zahlte, er hat nur die Form seines Capitals gewechselt; der Arbeiter gab durch sein Erzeugniß dem Arbeitgeber das, woraus dieser durch ein Aequivalent die vorangehende Arbeit entlohnte.

Als die Goldwäscher Californiens ehedem in Flußbetten die Goldtheilchen suchten und Münze selten war, so zahlte man mit abgewogenem Goldstaub und am Schluß des Tages hatte der Wäscher den Lohn seiner Arbeit in einem Lederbeutel in der Tasche. Dieser Lohn war unzweifelhaft der Ertrag seiner Arbeit. Dasselbe war der Fall, wenn ein Besitzer eines Striches Leute für sich arbeiten ließ und sie am Schluß durch einen Theil des eingebrachten Goldstaubes bezahlte. Als Münze häufiger wurde, welche die Mühe des Wiegens ersparte, wurde der Goldstaub Waare und der Arbeitgeber zahlte seine Leute für einen Theil des von ihnen herbeigeschafften Goldstaubes mit äquivalenter Münze: der Lohn war wieder Ertrag der Arbeit. Es ist unmöglich, zu sagen, der Arbeitgeber habe, indem er Goldstaub einnahm und Münze ausgab, sein Capital vermindert.

Später wurde das Goldgraben umständlicher, man mußte Minen anlegen, theurere Maschinen aufstellen und oft erst nach Jahren konnte Ertrag gehofft werden, während die Arbeiter inzwischen wöchentlich ihre Löhne erhalten mußten. Aehnlich ergeht es beim Ackerbau, wo Pflügen und Säen Monate der Ernte vorausgehen, beim Bau von Canälen, Schiffen, Eisenbahnen. Aber auch hier, wo die Löhne vor der Vollendung des Arbeitsproductes gezahlt wird, ist die Arbeit die Mutter der Löhne. Denn die Arbeitsleistung geht der Lohnzahlung voraus, und diese Leistung schließt einen Werth in sich; folglich empfängt der Arbeitgeber Werth, ehe er Werth auszahlt, er

tauscht sein Capital gegen ein Werthobject ein, er vermindert
es also nicht, sondern er wechselt bloß seine Form. Die Werth=
bildung entsteht eben nicht erst mit der Vollendung des Pro=
ductes, sie findet auf jeder Stufe des Productionsprocesses als
unmittelbares Ergebniß von Arbeit statt, weshalb die Arbeit,
wie lange sie auch dauere, stets dem Capital etwas zufügt, ehe
sie von demselben durch die Löhne etwas nimmt.

Ist auch in den letzterwähnten und ähnlichen Fällen
Capital nothwendig, so doch nicht, um den Arbeitern Vor=
schüsse zu machen. Werden die Löhne in natura gezahlt, z. B.
für Holzhauer durch Ueberlassung eines Holzquantums, so ist
klar, daß kein Capital für die Lohnbezahlung erforderlich ist.
Dasselbe ist der Fall, wenn ich das Holz vor der Lohnzahlung
verkaufe und aus diesem Ertrag nun in Münze den Lohn
zahle. Nur wenn ich vor der Lohnzahlung das Holz nicht ver=
kaufen kann, muß ich ein Geldcapital haben; aber dieses
Capital brauche ich für die Anhäufung des Holzlagers, nicht
für die Löhne, da deren Aequivalent ja in dem Holzlager sitzt.
So ist es bei der Anlage eines Tunnels und in zahlreichen
Fällen. Gehe ich zum Makler, um Silber gegen Gold umzu=
wechseln, so ändert er nur die Form seines Capitals, indem er
statt seines Goldes ein Aequivalent in Silber bekommt und
dazu seinen Gewinn für die Bemühung, für kommende Kunden
verschiedene Sorten auf Lager zu haben; er selbst lebt von
diesem Gewinn, der ein Product seiner Bemühung ist. Der
Arbeitgeber gebraucht daher sein Capital nicht für die Löhne,
da die Löhne aus der Arbeit kommen; das Capital verwendet
er erst, wenn er zugleich Aufkäufer von Arbeitsproducten ist,
was bei den Arbeitgebern meistens der Fall ist. Die Arbeit
also producirt ihren Lohn, während der Arbeit schießt der
Arbeiter dem Arbeitsgeber Capitalswerth vor, aus dem er
bezahlt wird.

4. Auch die Unterhaltung der Arbeiter wird nicht dem
Capital entnommen. Capital ist ja jener Theil der Güter,
welches nicht zur Consumtion, sondern zum Zweck weiterer
Güterbeschaffung bestimmt ist. Bedarf also der Arbeiter Nahrung
und Kleidung, so entstammen diese nicht den zur Production,
sondern den zum Lebensunterhalt zurückgelegten Gütern. Denn
die Menschen essen oder fasten nicht, gehen nicht angezogen
oder nackt, je nachdem sie productiv arbeiten oder nicht, sondern

sie essen, weil sie hungrig sind und bekleiden sich, weil es die Witterung oder der Anstand verlangt.

Es ist aber nicht einmal nöthig, daß eine vorherige Production die Unterhaltungsmittel der Arbeiter schuf. Als Robinson Crusoe mit der mühseligen Anfertigung seines Kahnes beschäftigt war, hatte er einen Theil seiner Zeit der Beschaffung von Nahrung zu widmen. Wenn hundert Mann ohne Vorräthe in einem neuen Lande ankommen, ist nicht nöthig, daß sie einen bis zur Ernte ausreichenden Vorrath an Lebensmitteln aufhäufen, ehe sie den Boden zu bearbeiten beginnen. Es ist nur nöthig, daß Fische, Wild, Beeren u. dgl. genügend vorhanden seien, damit ein Theil der Hundert für den täglichen Unterhalt sorge, während der andere den Boden für die Ernte in Angriff nimmt. Wie in diesen Fällen die Consumtion durch eine gleichzeitige Production erhalten wird, so auch sonst. Kommen nicht für den reichen Müßiggänger, der ein großes Vermögen von den Eltern hat, die täglichen Lebensmittel aus der um ihn vor sich gehenden gleichzeitigen Production? Die Milch auf seinem Tisch ist am Morgen von der Kuh gegeben, die Eier sind eben frisch gelegt, seine Fische schwammen noch gestern im Wasser, sein Rindfleisch ist von dem eben erst geschlachteten Thier, seine Gemüse kommen frisch aus dem Garten. Eine gleichzeitige Production liefert seine Subsistenzmittel, sein Vermögen gibt ihm nur die Macht, über diese Mittel zu verfügen. Trinkt er eine Flasche alten Weines dazu, den der Weinhändler ihm sendet, so ist auch diese das Ergebniß einer gleichzeitigen Production, weil in die Reihe der Production auch die Personen gehören, welche die Vertheilung der Güter besorgen: der erste Spatenstich zur Anlage des Weingartens war der erste, die Pflanzung der Reben der zweite Schritt der Production, die Aberntung, Kelterung und andere Arbeiten waren weitere Glieder des Productionsprocesses, der endlich abschließt mit der Ueberführung des Gutes in die Hand des Consumenten.

London enthält mehr Güter als ein gleicher Raum irgendwo anders. Dennoch würden, wenn die gleichzeitige Production aufhörte, die Menschen in wenigen Stunden anfangen, gleich kranken Schafen zu sterben. Die völlige Unterbrechung der Production wäre ein größeres Unglück, als es je eine belagerte Stadt erfuhr. Es würde sich bald zeigen, daß die Menschheit factisch aus der Hand in den Mund lebt, daß es die tägliche Arbeit ist, welche sie mit dem täglichen Brod versieht. Wie die Arbeiter an den Pyramiden aus den beständig wiederkehrenden Ernten des Nilthales gespeiset wurden, so rühren die Lebensmittel der nicht direct Nahrung, sondern z. B. Maschinen producirenden Arbeiter aus der gleichzeitigen Production der Nahrung durch andere Arbeiter her. Es findet so ein Arbeitsaustausch zwischen dem Maschinenbauer und dem Producenten von Fleisch, Brod u. s. w. statt. Durch den Wunsch, eine Maschine zu haben, entsteht Nachfrage nach der Arbeit des Maschinenbauers, wie dessen Nahrungsbedürfniß die Nachfrage nach Brodproducenten bewirkt. So producirt die Arbeit des Maschinenbauers virtuell die Lebensmittel, welche er aus dem Lohne seiner Arbeit erwirbt, wie umgekehrt der Brodproducent, welcher die Maschine benöthigt, virtuell diese erzeugt, indem er sie aus dem Lohn seiner Arbeit ankauft. Die Nachfrage der Consumenten entscheidet daher die Richtung, in welcher Arbeit zur Production verwendet werden wird. Wir sehen daher, daß in den heutigen complicirten Verhältnissen gerade so wie ehedem jeder Arbeiter sich bemüht, durch seine Anstrengungen die Befriedigung seiner Wünsche zu erlangen, daß er mitwirkend für die Erzeugung von Gütern, die andere begehren, zugleich die Arbeit anderer auf die von ihm gewünschten Dinge richtet und somit virtuell, der Wirkung nach, diese selbst hervorbringt. Wenn einer Messer macht und Weizen ißt, ist der Weizen virtuell ebenso gut sein Arbeitsproduct, als wenn er ihn selbst gebaut und die Weizenproducenten ihre Messer selber hätte machen lassen. Die Reihe der Tausche, welche Production und Consumtion verbinden, kann einem mit Wasser gefüllten gebogenen Rohre verglichen werden. Wird auf einer Seite Wasser eingegossen, so kommt auf der anderen eine gleiche Menge heraus. Es ist nicht genau dasselbe Wasser, aber es ist sein Aequivalent. Und so thun die, welche das Werk der Production verrichten, so viel ein, als sie herausnehmen; sie erhalten in Lebensmitteln und Löhnen nur das Product ihrer Arbeit.

5. Das Capital besteht aus Gütern, die zur Beschaffung von mehr Gütern benützt werden. Es erhöht daher die Macht der Arbeit, Güter hervorzubringen, indem es a) die wirksamere Bethätigung der Arbeit bewirkt, wie z. B. die Be=

wegung des Schiffes durch Dampf statt des Ruders; b) indem es die Arbeit zur Benutzung der reproductiven Naturkräfte unterstützt, z. B. durch Züchtung Thiere zu erhalten; c) indem es die Theilung der Arbeit gestattet und so einerseits die Wirksamkeit des menschlichen Productionsfactors durch Nutzbarmachung specieller Fähigkeiten, Erwerbung von Geschicklichkeit und Verringerung der Vergeudung erhöht, anderseits die Kräfte des Naturfactors dadurch auf's äußerste auszunutzen gestattet, daß man die Verschiedenheiten von Boden, Klima und Lage für die ihnen am meisten entsprechenden Erzeugnisse benutzt. Dies sind die wahren Functionen des Capitals.

Aber nicht das Capital, sondern die Natur liefert die Rohstoffe, obgleich die theilweise verarbeiteten und im Austausch begriffenen Stoffe Capital sind.

Das Capital liefert nicht den Lohn und schießt ihn nicht vor, sondern der Lohn ist der Theil des Arbeitsproductes, den der Arbeiter erhält.

Das Capital unterhält nicht die Arbeiter während der Arbeit, sondern die Arbeit unterhält sie, indem sie virtuell den Unterhalt producirt, wenn sie auch direct auf andere Erzeugnisse, wie Maschinen, gerichtet ist.

Das Capital beschränkt deshalb den Gewerbefleiß nicht, sondern die einzige Schranke des Gewerbefleißes ist die Beschränkung des freien Zuganges zu den Stoffen der Natur. Nur die Form und Ergiebigkeit des Gewerbefleißes wird durch das Capital beschränkt, wenn es die Anwendung von Werkzeugen und die Theilung der Arbeit beschränkt. Die Form des Gewerbefleißes kann durch das Capital beschränkt werden, indem es z. B. ohne Nähmaschinen kein Maschinnähen gibt. Daß die Ergiebigkeit durch den Mangel an Werkzeugen leidet, ist ebenso klar, da z. B. der Landmann weniger mit der Sichel, als mit der Mähmaschine leistet. Ebenso muß, um eine große Theilung der Arbeit zu ermöglichen und den Austausch weit über die nächsten Nachbarn hinaus ausdehnen zu können, fortwährend ein großer Betrag von Gütern aller Art vorräthig oder im Transit erhalten werden.

Aber die Beschränkung der Form und Ergiebigkeit des Gewerbefleißes ist nicht die Beschränkung des Gewerbefleißes, der Ausübung der Arbeit selbst. Die irrige Behauptung, das Capital beschränke die Ausübung der Arbeit, leitet sich aus der irrigen Annahme ab, daß die Arbeit durch das Capital mit Rohstoffen und Unterhalt versorgt würde. Das Capital wird aber durch die Arbeit hervorgebracht, weshalb die Arbeit vorangehen muß, ehe es Capital geben kann. Das Capital kann die Form und Ergiebigkeit des Gewerbefleißes beschränken; könnte aber ohne das Capital kein Gewerbefleiß bestehen, so gäbe es ohne Nähmaschine kein Nähen, ohne mechanischen Stuhl keine Weberei u. s. w.

Ferner aber ist auch die Beschränkung der Form und Ergiebigkeit des Gewerbefleißes durch das Capital factisch mehr eine theoretische Möglichkeit als Wirklichkeit. Denn wenn in Ländern wie Tunis eine größere Verwendung von Capital die Form des Gewerbefleißes ändern und seine Ergiebigkeit steigern würde, so ist der Mangel an Capital durch die Mißwirthschaft der Regierung, die Unsicherheit des Eigenthums, die Unwissenheit und das Vorurtheil des Volkes verschuldet, weshalb die wahre Schranke dort nicht der Mangel an Capital ist. Ein Land, in welchem das Capital durch Krieg oder elementare Ereignisse vernichtet wurde, oder etwa unter Umständen eine junge Colonie in einem ganz neuen Lande dürften die einzigen Beispiele bieten, in welchem der Capitalmangel das einzige Hinderniß für eine größere Ergiebigkeit der Arbeit ist. Und dazu kommt, daß sich nach einem Kriege erfahrungsmäßig das Capital schnell wieder ergänzt, während in einem neuen Staate die schnelle Production des Capitals nicht minder anerkannt ist.

Nur vorübergehend kann die Ergiebigkeit der Arbeit wirklich durch den Mangel an Capital beschränkt werden. Wenn auch Einzelne in dieser Weise beschränkt werden können, so ist doch in einem Lande mit hinreichendem Capital die wahre Schranke für die Ergiebigkeit der Arbeit der Mangel an gehöriger Vertheilung des Capitals. Wenn eine schlechte Regierung den Arbeiter seines Capitales beraubt, ihm durch ungerechte Steuern wegnimmt, was er sich für Reproducirung zurücklegen könnte, oder durch Monopole aussaugen oder trocken setzen läßt, so ist die wahre Schranke der Ergiebigkeit der Arbeit nicht der Capitalmangel, sondern die Mißregierung. Nicht der Mangel an Saatkorn und Werkzeugen hielt die Sioux ab, den Boden zu bebauen, sondern die Unwissenheit, in der man sie beließ, statt sie durch pädagogische Behandlung am Umherschweifen zu hindern und die Bebauung des Bodens zu lehren.

— 41 —

Augenscheinlich rührt die Armuth der Massen in den civilisirten Ländern nicht von der Knappheit des Capitals her. Denn der Arbeitslohn erreicht nicht nur nirgends die durch die Ergiebigkeit des Gewerbfleißes gezogene Grenze, sondern der Lohn ist auch relativ am niedrigsten, wo am meisten Capital vorhanden ist. Die Werkzeuge und Maschinen sind in den vorgeschrittensten Ländern der von ihnen gemachten Verwendung vorangeeilt und jede Aussicht auf lohnende Anlage bringt mehr als das erforderliche Capital zum Vorschein. Der Eimer ist nicht blos voll, sondern überfließend, weshalb Unwissende wie National=Oekonomen von hohem Ruf die industriellen Krisen dem Ueberfluß von Maschinen und der Anhäufung von Capital*) zuschreiben, und vom Kriege, der Capital vernichtet, erwartet man lebhaften Handel und hohen Lohn: wie kann man also sagen, das Capital beschäftige die Arbeiter und zahle den Lohn?

b) Schafft der Arbeiter durch die Verrichtung der Arbeit wirklich den Fond, aus dem sein Lohn bestritten wird, dann kann der Lohn nicht durch die Vermehrung der Arbeiter vermindert werden, sondern, da die Leistungsfähigkeit der Arbeit offenbar mit der Arbeiterzahl zunimmt, so muß im Gegentheil der Lohn desto höher sein, je mehr Arbeiter da sind. Dies wäre allerdings nicht richtig, wenn die Bevölkerung auf Erden schneller als die Unterhaltungsmittel zunähme. Wirklich wurde diese monströse, gotteslästerliche Behauptung 1798 in einem Buch des Engländers Malthus aufgestellt und lange für wahr gehalten, bis Henry George ihr in seinem Werke: Progress and Poverty, S. 78—134, den Todesstoß gab und sie bereits für weite Kreise unschädlich machte. Nicht die Ungerechtigkeit der Natur ist es, welche bei der Bevölkerungszunahme Mangel erzeugt, sondern die Ungerechtigkeit der Menschen ist es. Die von einer zunehmenden Bevölkerung vermehrten Mägen brauchen nicht mehr Nahrung als die Alten brauchen, während die Hände, welche sie mitbringen, mehr Dinge erzeugen. Ja, in einem Zustande gerechter Verwaltung würde die Zunahme der Bevölkerung beständig darauf hinwirken, jeden Einzelnen reicher zu machen. In jedem gegebenen Zustande der Civilisation kann,

---

*) Natürlich, da man durch ein ungerechtes privates Landmonopol den freien Zutritt zu Grund und Boden hindert und so Maschine, Capital wie Arbeit in Ruhe stellt.

wenn man die freien Gaben der Natur nicht absperrt, eine größere Zahl von Menschen, als Gesammtheit, besser versorgt werden als eine kleinere.

Die Frage ist diese: in welchem Stadium der Bevölkerung tritt die größte Fähigkeit, Güter zu produciren, hervor? denn die Fähigkeit, Güter irgend welcher Art zu produciren, ist die Fähigkeit, Unterhaltungsmittel zu produciren, und die Consumtion von Gütern irgend welcher Art ist gleichbedeutend mit der Consumtion von Unterhaltungsmitteln. Ich habe z. B. etwas Geld in der Tasche. Damit kann ich Nahrung oder Cigarren oder Schmucksachen oder ein Theaterbillet kaufen, und genau in der Art, wie ich mein Geld ausgebe, bestimme ich die Arbeit, sich auf die Production von Nahrungsmitteln, Cigarren, Schmucksachen oder Theatervorstellungen zu verlegen. Die Züchtung und Erhaltung eines Rennpferdes erheischt eine Arbeit, die für viele Ackerpferde genügen würde. Ein Regiment Soldaten halten, heißt Arbeit, die viele tausend Menschen erhalten würde, auf unproductive Zwecke ablenken. Die Fähigkeit der Bevölkerung, die Bedürfnisse des Lebens zu erzeugen, ist also nicht nach den wirklich erzeugten Lebensbedürfnissen, sondern nach der Ausgabe von Kraft aller Art zu bemessen.

Nimmt die Fähigkeit, Güter zu erzeugen, mit der Bevölkerungszunahme ab? Offenbar nicht. Viele Länder nahmen in neueren Zeiten an Bevölkerung zu und gleichzeitig gewannen sie noch schneller an Wohlstand. Die Bevölkerung von England stieg im Verhältniß von zwei Procent pro anno, während sich der Wohlstand des Landes in noch größerem Verhältniß vermehrte. Die Bevölkerung der Vereinigten Staaten Nordamerikas verdoppelt sich alle 29 Jahre, während sich ihr Wohlstand in viel kürzeren Fristen verdoppelte. Die dicht bevölkerten östlichen Staaten sind im Vergleich zur Bevölkerung reicher als die dünner bevölkerten westlichen und südlichen. England, welches dichter bevölkert ist als die Oststaaten Nordamerikas, ist auch im Verhältniß reicher. Wenn die Bevölkerung am dichtesten ist, findet man den größten Reichthum an prächtigen Gebäuden, schönen Möbeln, luxuriösen Equipagen u. dgl. Leute, die nicht selbst productiv arbeiten wie Müßiggänger, Diebe, Advocaten, Polizisten, Diener u. dgl. sind am zahlreichsten, wo die Bevölkerung dicht ist. Alles dies zeigt deutlich, daß der Reichthum am größten, wo die Bevölkerung am dichtesten ist, daß die

Güterproduction mit steigernder Bevölkerung zunimmt. Auf gleichem Niveau der Civilisation, der politischen Verfassung, der productiven Gewerbe sind die bevölkertsten Länder immer die reichsten.

Die Arbeit erhielt in Californien von der Natur einen großen Ertrag, als die Bevölkerung dünn, die Goldlager noch unerschöpft und der Boden jungfräulich war. Aber die Kraftzunahme des menschlichen Factors hat die Kraftabnahme des Naturfactors mehr als aufgewogen. Die Güterconsumtion im Vergleich zur Arbeiterzahl ist jetzt viel größer als ehedem; die Production wie die Consumtion von Gütern hat mit noch größerer Schnelligkeit als die Bevölkerung zugenommen, weshalb die Thatsache, daß eine Classe weniger erhält, nur durch die größere Ungleichheit der Vertheilung erklärbar ist.

Die reichsten Länder sind nicht die, wo die Natur am reichsten, sondern die, wo die Arbeit am wirksamsten ist: nicht Brasilien, sondern England. Man kann das nicht durch Güteranhäufungen erklären, welche England etwa gegenüber Brasilien zu machen Zeit hatte. Denn sind auch einige angehäufte Güter nöthig und für Nothfälle von Wichtigkeit, so vertragen doch die meisten Güter keine große Anhäufung, einige überdauern nur wenige Stunden, andere wenige Tage oder Monate, andere wenige Jahre, und sehr wenige gehen von einer Generation zur andern über. Schiffe, Häuser, Eisenbahnen, Maschinen, wenn nicht beständig für ihre Erhaltung gearbeitet wird, gehen bald zu Grunde. Man stelle die Arbeit in einem Lande ein und bald werden die Güter verschwunden sein. Man lasse, wie nach einem Brande, einem Kriege, die Arbeit wieder in Thätigkeit treten und die Güter werden fast unverzüglich wieder erscheinen: in Chicago gibt es heute nicht weniger Güter trotz des Brandes von 1870. Die Arbeit erzeugt die Güter. Wo viele Arbeiter sich beschäftigen können, sind viele Güter. Wenn man die Bevölkerung Englands nach Neuseeland brächte und alle Güter in England zurückließe, würde Neuseeland bald so reich wie England sein; würde aber die Bevölkerung Englands auf die kleine Zahl der Neuseeländer beschränkt, so würde sie trotz der etwa angehäuften Güter bald ebenso arm sein wie diese. Diejenigen, welche Städte wie Denver, San Francisco, Melbourne sahen, werden dies sofort verstehen: Denver in Colorado hatte vor 30 Jahren einige Familien in Blockhäusern, jetzt zählt es an 100.000 Menschen und bietet allen Comfort einer ersten Stadt, die Zunahme der Bevölkerung bedeutet also keine Abnahme, sondern eine Zunahme in der durchschnittlichen Güterproduction. Selbst wenn die Bevölkerung wegen ihrer Zunahme ärmeren Boden in Angriff nehmen muß, so gleicht die Kraft des menschlichen Factors die Armuth des Bodens aus. Zwanzig vereint arbeitende Leute produciren an armer Stelle mehr als zwanzig Mal so viel Güter als ein Einziger dort, wo die Natur freigebig ist. Je dichter die Bevölkerung ist, desto größer wird die Theilung der Arbeit, desto bedeutender die Ersparung bei der Production und Vertheilung und somit kann in jedem Zustand der Gesellschaft eine größere Zahl Menschen, wenn sie beschäftigt wird, eine relativ größere Summe von Gütern produciren und ihre Bedürfnisse besser befriedigen als es eine kleinere Anzahl vermag. Die Ursache der Armuth in den Mittelpunkten der Civilisation kann also, wenn man die Thatsachen betrachtet, nicht in der Schwäche der productiven Kräfte liegen. In den Ländern der Massenarmuth sind die productiven Kräfte stark genug, um, wenn vollständig verwendet, dem Niedrigsten eine behagliche Existenz, ja einen Luxus zu verschaffen. Die industrielle Lähmung entspringt offenbar keinem Mangel an Verwendbarkeit von productiver Kraft, wie Malthus irrig lehrte. Wie könnte da die Thatsache erklärt werden, daß der Mangel erscheint, wo die productive Kraft am größten und die Güterproduction am stärksten ist? Die Ursache des traurigen Zustandes der Massen liegt also nicht in den Gesetzen Gottes, als ob Er, der unendlich Gütige und Mächtige, mehr Menschen als sich nähren und des Lebens freuen könnten, ins Dasein setze, sondern — in den schlechten Einrichtungen, welche von den Menschen, respective von einem Theil derselben zum eigenen Behagen und zur Unterdrückung des anderen größeren Theiles, getroffen wurden, um die **Vertheilung der Güter** zum Nachtheil der Vielen zu gestalten. Untersuchen wir jetzt die Gesetze der Gütervertheilung!

3. Die Gesetze der Vertheilung.

1. Die Production eines Landes umfaßt die Summe der von dessen Bewohnern producirten Güter; sie beschränkt

sich nicht auf die Herstellung der Dinge, sondern sie schließt auch die durch den Transport gewonnene Nützlichkeit oder Zunahme ein. Der Grund und Boden, die Arbeit und das Capital sind die Factoren der Production. Der Ausdruck Grund und Boden schließt alle Kräfte und Vortheile der Natur ein, der Ausdruck Arbeit alle menschliche Anstrengung, und der Ausdruck Capital alle Güter, die gebraucht werden, um mehr Güter zu produciren. Unter diese drei Factoren wird das ganze Product vertheilt. Der Theil, welcher auf die Grundbesitzer als Zahlung für den Gebrauch der natürlichen Vortheile entfällt, heißt Grundrente; der Theil, welcher die Belohnung menschlicher Arbeit ausmacht, heißt Lohn, und der Theil, welcher den Ertrag für die Capitalnutzung bildet, heißt Zins. Es muß Grund und Boden vorhanden sein, ehe Arbeit verrichtet werden kann und es muß Arbeit verrichtet werden, ehe Capital hervorgebracht werden kann. Das Capital ist ein Ergebniß der Arbeit und wird durch die Arbeit benutzt, um ihr bei fernerer Production zu helfen. Die Arbeit beschäftigt also das Capital, und dem Grund und Boden entnimmt sie den Stoff, den sie in Güter verwandelt. Der Grund und Boden ist daher die Vorbedingung, das Feld und Material der Arbeit. Die richtige Ordnung der Productionsfactoren ist daher: Grund und Boden, Arbeit, Capital. Ehe Capital entstehen konnte, mußte die Arbeit aus dem Boden Güter erzeugen, und was von diesen erzeugten Gütern nicht consumirt, sondern für neue Production benutzt wird, ist Capital; da das Capital somit als angesammelte Arbeit erscheint, so ist es eigentlich eine Unterabtheilung des Ausdruckes Arbeit, weshalb sein Gesetz dem Lohngesetz untergeordnet sein und mit demselben in Wechselbeziehung stehen muß. Die Vertheilung des Products unter Grund und Boden, Arbeit und Capital muß daher genau so sein, wie sie zwischen Thomas, Richard und Heinrich sein würde, falls Thomas und Richard die ursprünglichen Theilhaber wären und Heinrich nur als Gehilfe und Theilhaber Richards eingetreten wäre.

2. Die Vergütung für die Benutzung von Grund und Boden heißt Rente; ist Eigner und Nutznießer desselben dieselbe Person, so heißt Rente, was der Eigner erhielte, wenn er Andern sein Land verpachtete; wird Land gekauft, so ist der Kaufpreis des Rechtes auf immerwährende Benutzung um-

gewandelte Rente. Wo Land benutzt wird, sei es vom Eigenthümer oder Pächter, da gibt es factische Rente.

Somit entsteht der Pachtwerth des Bodens nicht aus der Ertragsfähigkeit. Denn das beste Land bringt keine Rente, bevor jemand bereit ist, Arbeitsergebnisse oder einen Theil des Productionsertrages für das Recht der Benutzung desselben zu geben; und was jemand dann geben will, hängt nicht von der Güte des Landes ab, sondern von der Güte desselben in Vergleich mit eben so gutem Land, das man umsonst haben kann. Ist das umsonst zu habende geringer an Fruchtbarkeit oder wegen der Lage oder sonstiger Eigenschaften, so wird das andere anfangen, Rente zu ergeben. Nimmt die Ertragsfähigkeit meines Landes ab, so wird dennoch, wenn die des umsonst zu habenden Landes m e h r abnimmt, die Rente meines Landes beständig zunehmen. Die Rente von Grund und Boden wird daher bestimmt durch den Ueberschuß seines Ertrages über den (bei gleicher Aufwendung von Mitteln) von dem mindest einträglichen Boden, der in Benutzung ist, zu erzielenden Ertrag. Ob das Land zum Ackerbau oder zur Aufführung von Fabriken u. dgl. benutzt wird, bleibt sich gleich; immer ist die Vergütung Rente und die hohe Grundrente in Handelsstädten entspricht dem Gesetz von dem Ueberschuß des dortigen Bodenertrages über den mindest einträglichen Boden an anderer Stelle. Da nun nach diesem Gesetz auf den Grundbesitzer von dem Bodenertrag als Rente fällt alles, was den Betrag übersteigt, den Arbeit und Capital aus dem umsonst zu habenden Boden ziehen können, so ist folgerichtig Lohn und Zins, den Arbeit und Capital beanspruchen können, derjenige Betrag, welchen sie von dem keine Rente gewährenden Boden hätten erzielen können. Somit hängen Löhne und Zinsen von dem Product ab, welches Arbeit und Capital erzielen können, ohne Grundrente zu zahlen, d. h. von dem ärmsten in Benutzung befindlichen Boden. Und hieraus folgt, daß wie groß auch die Vermehrung productiver Kraft sei, die Löhne und Zinsen nicht steigen können, wenn die Steigerung der Grundrente mit derselben, mit der Vermehrung der Productivkraft gleichen Schritt hält. Steigt die Grundrente in noch größerem Verhältniß als die Productionskraft, so werden die Löhne und Zinsen fallen. Nur wenn die Rente oder der Bodenwerth nicht so schnell als die Productionskraft zunimmt, können die Löhne und Zinsen mit der Zunahme der Productionskraft zunehmen. Alles dies wird durch den wirklichen Thatbestand belegt.

3. Der Theil des Productes, der als Rente genommen wird, muß entscheiden, welcher Antheil für Lohn übrig bleibt, wo nur Land und Arbeit in Frage kommt, oder zwischen Lohn und Zins vertheilt werden muß, falls Capital bei der Production betheiligt ist. Untersuchen wir jetzt jedes der Gesetze für sich, und zwar zuerst dasjenige des Zinses.

Der Zins umfaßt alle Vergütungen für Capitalnutzung, schließt aber die Vergütungen für Risico aus.

Daß der Zinsfuß nicht von der Productivität der Arbeit und des Capitals abhängt, wird durch die allgemein giltige Thatsache bewiesen, daß, wo die Arbeit und das Capital am productivsten sind, der Zinsfuß am niedrigsten ist. Daß derselbe auch nicht von den Löhnen abhängt, nicht fällt wie die Löhne steigen und nicht steigt wie sie fallen, wird durch die allgemein giltige Thatsache bewiesen, daß der Zinsfuß hoch ist, wann und wo die Löhne hoch sind und niedrig, wann und wo sie niedrig sind.

Was ist der Grund des Zinses, weshalb muß der Borger dem Darleiher mehr zurückzahlen, als er direct empfing? Ist der Zins, wie behauptet wird, ein Raub an der Erwerbsthätigkeit? Ist seine Beschränkung, wie auch behauptet wird, der Arbeit ebenso schädlich wie dem Capital?

Unrichtig nennt man offenbar den Zins einen Lohn der Enthaltsamkeit. Die Enthaltsamkeit producirt nicht; wie sollte ihr also an dem, was producirt wird, ein Antheil gebühren? Wenn ich eine Summe Geldes ein Jahr einschließe, habe ich ebenso viel Enthaltsamkeit geübt, als wenn ich sie ausgeliehen hätte; dennoch erhalte ich im letzten Falle eine Zusatzsumme, im ersteren nicht. Die Enthaltsamkeit ist in beiden Fällen die gleiche, sie kann daher den Grund für die vergrößerte Rückzahlung nicht bilden; der Zins wäre sonst wirklich ein Raub an der Arbeit, er entstände auf Kosten der Arbeit.

Andere führen zur Begründung des Zinses an, daß der Darleiher, während er sich selbst der Benutzung seiner Sache enthielt, den Anderen mit der ihr innewohnenden Kraft, die Productivität der Arbeit zu mehren, versorgte. Wäre die innere Kraft der Sache zur Mehrung der Productivität die Ursache des Zinses, dann würde der Zinsfuß mit dem Fortgang der

Erfindungen steigen, was nicht der Fall ist: auch zahlt man nicht mehr Zinsen, ob man eine Dampfmaschine, die 100 fl. kostete, oder einen Haufen Steine von gleichem Werthe borgt. Auch vermehrt die Verbesserung der Werkzeuge die reproductive Kraft des Capitals nicht, wohl aber diejenige der Arbeit. Hobel, Bretter, Maschinen vermehren die Kraft der Arbeit, indem diese sich an ihnen bethätigt, haben aber keine ihnen selbst beiwohnende Vermehrungskraft. Wenn daher alle Güter nur aus unfertigen Stoffen der Erde beständen, welche die Arbeit blos umzuwandeln hätte, so würde die Arbeit für ihre Leistung Anspruch auf Lohn haben, aber der Zins wäre ein Raub an der Arbeit und könnte nicht lange bestehen.

Aber nicht alle Güter sind bloße Umarbeitung unfertiger Stoffe in andere Formen, wie Hobel, Bretter gemünztes Gold. Wahr ist, wenn ich solche Dinge wie Hobel, Geld ein Jahr einschließe, so vermehren sie sich nicht. Wenn ich aber Wein weglege, so hat er nach einem Jahr an Qualität gewonnen. Wenn ich Bienen, Schafe, Rinder halte, so werde ich am Ende des Jahres mehr haben. Was hier die Vermehrung zu Stande bringt, fordert zwar in der Regel Arbeit, ist aber etwas von der Arbeit verschiedenes, nämlich die thätige Kraft der Natur, das Princip des Wachsthums, der Reproduction. Dies scheint die Ursache des Zinses zu sein, d. h. der Capitalvermehrung über das hinaus, was der Arbeit zu danken ist.

Die Möglichkeit des Austausches der Güter involvirt aber nothwendig, daß alle Arten der Güter einen Vortheil haben, der aus dem Besitz einer jeden Art erwächst; denn Niemand wird Güter in einer Form behalten wollen, wenn sie für eine vortheilhaftere Form ausgetauscht werden können. Und so muß in jedem Austauschkreise die Kraft der Vermehrung, welche die Lebenskraft der Natur einigen Arten des Capitals verleiht, sich mit allen übrigen ausgleichen. Die Summe von Vortheilen, welche entsteht, wo das Tauschbedürfniß der Gesellschaft den gleichzeitigen Betrieb verschiedener Productionsarten erfordert, verleiht den für sich allein nicht vermehrungsfähigen Gütern einen Vortheil ähnlich demjenigen, welchen die schaffende Naturkraft anderen durch das Wachsthum im Laufe der Zeit gewährt. Der Zins entsteht demnach aus der Vermehrungsfähigkeit, welche die Kräfte der Natur oder die in der Wirkung analoge Austauschfähigkeit der Güter hervorbringen. Der Zins ist daher etwas Natürliches, nichts Willkürliches; er ist das Ergebniß keiner positiven socialen Einrichtung, sondern der allgemeinen Gesetze der Gesellschaft. So gewinnt eine Geldsumme die Macht, Jedem, der sie in Händen hat, und sei er auch Millionär, ebensowohl ein Mehr zu ergeben, wie der Vogel, welchen man hecken läßt; der Zins, welchen ich daher für diese einem Anderen überlassene Summe erhalte, ist somit ein aus der Capitalsvermehrung erwachsender Ertrag. Ergäbe das Geld nicht durch das Ganze der gesellschaftlichen Bedürfnisse im Austauschkreise der verschiedenen Güter eine wirkliche Zunahme, so würden die Fälle selten, in welchen der Besitzer ein Mehr zu der ausgeliehenen Summe zurückerhielte; von Noth und Unwissenheit abgesehen, die sich Betrüger nutzbar machen könnten, würde die Ueberzeugung, daß ausgeliehenes Geld gleich eingesperrtem sei, gar bald zur Herrschaft gelangen und den Zins beseitigen. Wenn daher zuweilen ehedem Zinsverbote bestanden, so konnten sie naturrechtlich nur die übertriebene Höhe des Zinses im Auge haben. Wie könnte man sonst rechtfertigen, daß Gott dem Juden gestattet, vom Nichtjuden Zins zu nehmen? Jene, welche den Geldzins überhaupt für naturrechtlich unerlaubt halten, müssen zugeben, daß Moses ihn auch dem Fremdlinge gegenüber hätte verbieten müssen. Daß er somit durch die positive Gesetzgebung für die Hebräer unter sich den Zins verbot, lag darin, daß er aus pädagogischen Zwecken die Entwicklung des Handels für sein Volk beschränken und die Ansammlung großer Vermögen hemmen wollte; die agrarische Verfassung reichte aus, Alle gut zu stellen, und das genügte.

Das Tauschbedürfniß der Gesellschaft und demgemäß die Tauschfähigkeit der Dinge ist in verschiedenen Zeiten jedenfalls verschieden. Bald ist ein Steigen, bald ein Abnehmen zu bemerken. Wenn der Herr, Matth. 25, den Faulen tadelt, daß er das Geld nicht zum Wechsler brachte, damit es Zinsen trage, so scheinen die Verhältnisse, unter welchen auch der Hebräer Geld beim Fremdlinge als Capital anlegen durfte, ähnlich (freilich nicht in dem gleich enormen, gegenwärtig die ganze Welt einschließenden Umfange), wie heute gewesen zu sein, wo durch die allgemeine Lage des socialen Lebens die Tauschfähigkeit speciell des Geldes für den factischen Tausch (oder Gebrauch) seiner Substanz allgemein einen solchen Werthzusatz beifügte, daß die Ausleihung des Geldes ebenso viel, als die Ausleihung eines heckenden Vogels bedeutete, weshalb man, abgesehen von einer Pflicht des Almosens gegen Bedürftige, ohne Verletzung der Gerechtigkeit oder Liebe nebst der gewährten Summe ein dem Markte entsprechendes Mehr fordern durfte. Im christlichen Mittelalter lagen die Verhältnisse anders. Hatte Jemand große, bedeutende Summen, so hatte das Geld eine Tauschfähigkeit, die es im Handel vermehrungsfähig machte, während kleine Beträge für gewöhnlich steril waren. Deshalb erließ die Kirche das Zinsverbot für Geld in dem Sinne, daß Jeder, der Geld auf Zins ausleihen wollte, im einzelnen Falle sich erst den Beweis erbringen mußte, er borge eine vermehrbare Sache aus; dies war der sogenannte Titel des lucrum cessans, wodurch erfordert wurde, daß der Darleiher ein Mehr zu seiner Summe fordern konnte, wenn er sicher in der Lage und Willens war, sein Geld sonst im Handel, z. B. durch einen Gesellschaftsvertrag nutzbringend zu verwenden; vgl. S. Alphons l. 3, N. 768. In der jetzigen Zeit ist der Titel des lucrum cessans nur allgemein geworden; man kann in jedem Falle, mit noch so kleinem Betrage, in den Austausch, den Handel eintreten, und bedarf daher für sich nicht erst des Beweises, daß man hic et nunc, im vorliegenden Falle in solcher Lage sei. Wenn man außerdem von einem titulus legalis, besonders in unserem Jahrhunderte, spricht, wodurch die Obrigkeit einen bestimmten Zinsfuß von bald 3, bald 4 oder mehr Procenten allgemein festsetzte, so ist das im Grunde eine behördliche Anerkennung des titulus lucri cessantis oder die autoritative Entscheidung, daß die gegenwärtige Tauschfähigkeit allgemein einen Zuwachs von so und so viel Procent begründe; sobald die Lage des Marktes sich änderte, wechselte auch die behördliche Taxe, die selbstverständlich unwirksam und hinfällig war, wenn sie nicht auf der Basis des Marktes stand. Es ist nicht unmöglich, daß sich die Verhältnisse wieder auf die mittelalterliche Scala reduciren, aber das Princip des Geldzinses, der Grund desselben, wird dadurch nicht alterirt, sondern bloß der Umfang, die Ausdehnung seiner Herrschaft: die Austauschfähigkeit begründet, analog den vitalen Kräften der Natur, die Vermehrbarkeit auch des an sich sterilen Dinges; der Umfang der Vermehrbarkeit wird durch die allgemeine Lage der Gesellschaft bestimmt, analog dem geringeren oder größeren Wachsthume des Viehes auf magerer oder fetter Weide.

4. **Der wirkliche Zins ist demnach eine gerechte Entlohnung des Capitals.** Zu beachten ist aber, um die Verwirrung mancher Redeweisen zu vermeiden, daß Landwerthe und Grundrente nicht zum Capitale gehören. Ebenso wenig Staatsschuldscheine, die nicht vorhandenes, sondern verpufftes, zerstörtes Capital und die Erklärung der Regierung bezeugen, gelegentlich aus Steuern dem Inhaber des Papieres die ausgelegte Summe und mittlerweile jährlich deren Zinsen aus Steuern zu zahlen: Diese Zinsen kommen aus einer, z. B. in Kriegen, zu Rüstungen längst verbrauchten, nicht mehr vorhandenen, somit nicht vermehrbaren oder wirkliches Capital ausmachenden Summe; waren die betreffenden Unternehmungen z. B. zur Abwehr ungerechten Angriffes nothwendig, so ist die Sache ohne Tadel, aber immerhin sind die aus der Steuer kommenden Rückzahlungen nicht Zins, sondern das Product gegenseitiger Versicherung oder Hilfszusicherung der Volksgenossen. — Wenn aber Schuldscheine für productive Zwecke, wie der Bau eines Canals, einer Eisenbahn ausgegeben und nicht über den Capitalsbedarf emittirt worden sind, so repräsentiren sie wirkliches, vorhandenes Capital und sind Urkundenbeweise, daß der Inhaber Besitzer von wirklichem Capitale ist. Was über den Bedarf emittirt wurde, bezeichnet die in dem Unternehmen nicht verbrauchten, von Gründern und Machern eingesteckten Geldeinläufe, so daß die aus dem realisirten Unternehmen factisch gezahlten Zinsen dem Publicum weniger einbringen, als die ganze, von ihm für Anlagen eingezahlte, aber zum guten Theile in den Taschen der Gründer verschwundene Summe bringen sollte. Auch das Monopol ist vor Allem in dieser Beziehung ein Mißbrauch. Wenn ein ägyptischer Josef alles Korn zusammenbrachte, um in Hungersjahren zu helfen, und dem Volke es dann wirklich verabreicht zu gerechtem Preise, so ist das in Ordnung: seine Maßregel, bei diesem Verkaufe dann auch das Land zu monopolisiren, war abermals keine Ausbeutung des Volkes im Interesse des Egoismus, sondern eine Vorkehr, die Ernährung und den Wohlstand Aller zu sichern. Ganz anders sind in der Regel die Monopole, Cartelle, Ringe des associirten Capitals der Gegenwart. Einige Wenige bringen da Alles, was die verschiedenen Productions-

zweige leisteten, an sich, um willkürlich die Preise zu steigern und das Publicum für die Taschen der Cartellbrüder auszupumpen. Ja wie Straßenräuber ihre Opfer, überfallen und mißhandeln sie die Menschen. Ist es nicht so, wenn eine Bahngesellschaft einer Stadt naht und die Bahn etliche Meilen abseits zu legen droht, wenn die Stadt nicht diese oder jene Forderungen, die angeblich im Interesse des Verkehres liegen, erfülle? So klagt man auch, daß die große Telegraphen-Gesellschaft der Vereinigten Staaten, welche durch das via Actien associirte Capital des Volkes ihre Anstalten baute, das Volk durch Fälschung von Depeschen und Verfolgung der ehrlichen Kritik schädigt. Die Erträge aus solchen Betrügereien sind natürlich kein legitimer Ertrag des redlich die Production, die Arbeit unterstützenden Capitals, sondern Räubereien, welche durch eine weise Gesetzgebung und solide Verwaltung des Gerichtswesens verhindert werden sollten. Dahin gehören nicht weniger die durch das Hazardspiel der Speculation, besonders an der Börse, erzielten Erträge, so daß man begreift, wie gewisse Riesenvermögen nicht das Erzeugniß von Zinsen eines ehrlich wirkenden associirten Capitals sind, sondern das Product unsauberer Machenschaften auf Kosten der ehrlichen Arbeit und des ehrlichen Capitals. Insoferne man jene Macher, welche das gesammelte Volkscapital für sich und zur Beraubung des Volkes ausnützen, Capitalisten nennt, besteht freilich ein Conflict zwischen Arbeit und Capital, während eine gerechte, nach Weise des ägyptischen Josef regierende Association, welche den Wohlstand Aller im Auge hat, ein Segen und eine Wohlthat wäre.

5. Um nun das **Gesetz des Zinses** zu erkennen, erinnern wir uns zunächst, daß das Capital nicht die Arbeit beschäftigt, sondern die Arbeit das Capital, ferner, daß das Capital keine bestimmte Menge ist, sondern vermehrt und vermindert werden kann erstens durch die größere oder geringere Verwendung von Arbeit zur Production von Capital und zweitens durch die Umwandlung von Gütern in Capital oder von Capital in Güter.

Es ist offenbar, daß unter freien Verhältnissen das Maximum, das für die Benützung von Capital gegeben werden kann, die Vermehrung ist, die es bringen kann, und daß das Minimum oder Null der Ersatz des Capitals sein wird; denn jenseits des einen Punktes würde das Borgen von Capital einen Verlust einschließen, und unter dem anderen läßt sich das Capital nicht erhalten.

Dieses Minimum wird nicht festgestellt durch die Fähigkeit des Capitals, sich auf vortheilhafte Formen der Verwendung zu richten, sondern durch die durchschnittliche Vermehrungsfähigkeit, welche ihm innewohnt. Die Fähigkeit, sich auf vortheilhafte Formen zu richten, ist nur der Arbeit eigen, und das Capital als solches kann sie weder für sich beanspruchen, noch daran Theil haben. Das in einer Spinnfabrik angelegte Capital kann dem Capitalisten nicht den Unterschied zwischen der Production der Fabrik und dem, was die gleiche Summe von Arbeit mit dem Spinnrade erzielt haben würde, eintragen. Der Fortschritt der Kenntnisse hat den in der Verwendung von Maschinen liegenden Vortheil zu einem Gemeingute der Arbeit gemacht.

Das Capital ist der Compagnon der actualen Arbeit. Es hat für Versicherung und (eventuell, wo es ein Werk anregt, unter dem Titel neuer actualer Eigenbethätigung) für Unternehmerlohn seine specielle Bescheerung, aber der Ertrag, welchen es abzüglich Versicherung und Unternehmerlohn erzielt, der eigentliche Zins, geht naturgemäß in gleichem Schritt mit der Lohnzahlung der es verwendenden Arbeit. Die Quote, welche das Capital erhält, indem es sich der neuen Production oder Arbeit zugesellt, entspricht procentual der Quote, welche es für den intendirten Zweck des neuen Ertrages einsetzt, wie wenn es als Spaten, der sich der Arbeit für die Erzielung von 50 Scheffel Kartoffeln zur Verfügung stellt, 10 Scheffel erhält, für 100 aber 20 u. s. w. So ist der Antheil des Capitals kleiner oder größer, je nachdem der Lohn der Arbeit kleiner oder größer ist. Die Belohnung des Capitals und der Arbeit geht daher gleichen Schritt. Der Zins kann nicht steigen, ohne daß der Lohn steigt, noch kann der Lohn sinken, ohne den Zins herabzudrücken. Wenn ein solches Gleichgewicht nicht hergestellt wäre, würde die Arbeit die Verwendung von Capital nicht acceptiren oder das Capital nicht zur Verfügung der Arbeit gestellt werden. Zwischen Lohn und Zins besteht ein gewisses Verhältniß, kraft dessen genug Arbeit in Capital verwandelt werden wird, um das Capital zu liefern, welches nach dem Stande der Gewerbe, der Dichtigkeit der Bevölkerung u. s. w.

für die Production verlangt wird, und dieses Verhältniß er=
hält beständig die Wechselwirkung zwischen Arbeit und Capital;
daher muß der Zins mit dem Lohn zusammen steigen und
fallen.

Im Anschluß an das Gesetz der Rente ergibt sich, daß
der Zinsfuß bestimmt wird durch den Ertrag des Capitals auf
dem ärmsten Boden, dem sich dasselbe überhaupt zuwendet, d.
h. auf dem besten, der ihm ohne Rentenzahlung zugänglich
ist. So ist das Zinsgesetz ein Correlat des Rentengesetzes.

Daß der Zins in dem Maße fallen muß, wie die Rente
steigt, ist leicht einzusehen. Denke man sich nur einmal einen
Ort, wo Capitalisten ohne Beihilfe der Arbeit Güter produciren
könnten. Offenbar würden sie dort nur solange den ganzen
Ertrag erhalten, als nichts davon für Grundrente gefordert
wird; sobald Rente entsteht, muß sie aus dem Ertrag des
Capitals kommen und, je nachdem sie steigt, muß der Ertrag
der Capitalisten nothwendig sinken. Selbstverständlich gilt dies
für den Lohn der Arbeit wie des Capitals gleichmäßig, wo
Arbeit und Capital sich für die Production verbinden. Sobald
Rente entsteht, wird der Zins entsprechend dem Lohne sinken,
er wird also durch die Grenze des Anbaues bestimmt. Eigentlich
ist das Capital im Stoffe aufgehäufte Arbeit und seine Ver=
wendung in der Production ist eine Form der Arbeit, ein Auf=
wand von Arbeit, die es in gleichem Umfang neu hervorbringt,
als es bei der Unterstützung der Arbeit verbraucht wird. Nach
dem Gesetz seines Ertrages fragen, heißt daher, nach dem Ge=
setze fragen, welches den Ertrag zwischen dem Besitzer von
Grund und Boden einerseits und der menschlichen Thätigkeit
andererseits theilt: denn diese beiden Factoren bringen durch
ihre Vereinigung alle Güter hervor, und es leuchtet ein, daß
die menschliche Thätigkeit nur jenen Theil des Ertrages erhält,
den der andere Factor übrig läßt.

6. Das Gesetz des Lohnes, obgleich schon mit der
Betrachtung des Zinsgesetzes gegeben, bestätigt sich auch durch
eine unabhängige Untersuchung.

Der Lohn variirt natürlich nach den verschiedenen Gaben
und Beschäftigungen des Einzelnen. Gleichwohl steigen und
fallen die Löhne einem gemeinsamen Gesetze zufolge.

In einem einfachen Zustande der Gesellschaft arbeitet jeder
für sich selbst: einige jagen, andere fischen, andere ackern. Nehmen

wir an, das Land sei von gleicher Güte, so gewährt es gleichen Anstrengungen den gleichen Ertrag. Der Lohn wird daher den vollen Ertrag der Arbeit darstellen und die gleiche Anstrengung den gleichen Lohn haben. Wenn nun einer den Genossen zu bestimmen wünscht, daß er für ihn und nicht für sich arbeite, so muß er den durch diesen vollen Arbeitsertrag normirten Lohn zahlen.

Hat sich der Anbau ausgedehnt über Land verschiedener Güte, so wird der Lohn nicht mehr der durchschnittliche Arbeitsertrag sein, sondern der Ertrag an der äußersten Grenze des Anbaues oder der Punkt des niedrigsten Ertrages. Die Arbeit wird nicht gleichen Anstrengungen gleiche Erträge geben, sondern, wer seine Arbeit auf besseres Land verwendet, wird für dieselbe Arbeit mehr erzielen als· der Bebauer schlechteren Landes. Wenn jetzt jemand den Genossen zu dingen wünscht, wird er nur so viel zu zahlen haben, als die Arbeit am niedrigsten Punkte des Anbaues erzielt. Die von der Noth erzeugte Concurrenz der Arbeiter wird diesen niedrigsten Punkt des Anbaues als Lohn fixiren und der Arbeitgeber, da jeder den leichtesten Weg zur Befriedigung seiner Wünsche sucht, nicht mehr geben. Sinkt die Grenze des Anbaues noch tiefer, so sinkt auch der Lohn; steigt sie, so steigt auch der Lohn.

In civilisirten, entwickelten Gesellschaften laufen die Löhne weit auseinander. Die Summe aller Umstände, aus welchen die Unterschiede entstehen, läßt sich in Angebot und Nachfrage zusammenfassen, wenn Nachfrage den Bedarf der ganzen Gesellschaft an besonderen Dingen und Angebot die relative Summe von Arbeitern für die Beschaffung dieser Dinge bezeichnet. Das Angebot von Arbeit ist ein Angebot von Arbeit gegen andere Arbeit oder deren Product, die Nachfrage nach Arbeit oder deren Product ist Angebot anderer Arbeit oder deren Productes. Das Angebot ist somit Nachfrage und die Nachfrage ist Angebot, in der ganzen Gesellschaft muß das eine so weit reichen, wie das andere.

Die wirklichen Lohnunterschiede, welche es unter verschiedenen Beschäftigungen gibt, werden durch die größere oder geringere Seltenheit der erforderlichen Fähigkeiten und Geschicklichkeit verursacht. Diese Fähigkeiten und Geschicklichkeiten laufen parallel mit den Unterschieden in der Kraft und Gewandtheit der Handarbeit und, wie bei letzterer der höhere Lohn des tüchtigen Mannes auf dem für die Durchschnittsleistung bezahlten Lohnsatz beruht, so muß der Lohn, welcher für höhere Fähigkeit und Geschicklichkeit fordernde Arbeit gezahlt wird, von dem für gewöhnliche Fähigkeiten und Geschicklichkeiten bezahlten Lohn abhängen. Trotz relativer Unterschiede hängt daher der Lohnsatz in einer Branche immer von dem in einer anderen ab, und so fort, bis die niedrigste und breiteste Schicht des Lohnes in denjenigen Beschäftigungen erreicht ist, wo die Nachfrage fast immer gleich ist und denen man sich am leichtesten zuwenden kann. Der Lohn muß also in allen verschiedenen Schichten schließlich von dem Lohn der niedrigsten und breitesten Schicht abhängen, so daß der allgemeine Lohn steigt und fällt, je nachdem jener steigt und fällt.

Die fundamentalen Beschäftigungen, auf welchen alle beruhen, sind diejenigen, welche direct von der Natur Güter gewinnen. Deshalb muß deren Lohngesetz das allgemeine Lohngesetz sein. Und da in jenen Beschäftigungen der Lohn klärlich davon abhängt, was die Arbeit bei dem niedrigsten Punkt der natürlichen Productivität hervorzubringen vermag, so hängt der Lohn im Allgemeinen von der Grenze des Anbaues ab, oder von dem höchsten Punkt der natürlichen Productivität, zu dem die Arbeit ohne Zahlung von Grundrente Zutritt hat.

Irrig sagte man, daß billige Arbeit die Ausbeutung geringer Erzlager wie diejenigen Nevada's veranlassen würde. Es ist nicht der niedere Lohn, der dies veranlaßt, sondern es ist die Ausdehnung der Production auf den niedrigeren Punkt, welche den Lohn herabdrückt. Könnte im Allgemeinen der Lohn willkürlich gedrückt werden, so würden die ärmeren Minen nicht bearbeitet werden, so lange es reichere zu bearbeiten gäbe. Würde hingegen die Grenze der Production (z. B. durch Landbesitzer, welche lieber auf eine Preissteigerung des Landes warten, als dessen Anbau gestatten) willkürlich niedergehalten, so würden die Löhne nothwendig fallen.

Der Beweis ist vollendet. Das Gesetz der Löhne ist das, welches sich vorher als Correlat des Rentengesetzes ergab, und stimmt mit dem Gesetz des Zinses überein: die Löhne nämlich hängen ab von dem Product, welches die Arbeit bei dem höchsten ihr ohne Zahlung von Grundrente zugänglichen Punkt erzielen kann.

Es ergibt sich daraus:

Wo der Grund und Boden frei ist und die Arbeit durch das Capital unterstützt wird, wird der ganze Ertrag der Arbeit und ihrem Compagnon, dem Capital, zufallen.

Wo der Grund und Boden frei ist und die Arbeit durch das Capital unterstützt wird, wird der Lohn aus dem ganzen Ertrag bestehen, abzüglich des Theiles, welcher nöthig ist, um zur Anhäufung von Arbeit zu Capital zu reizen.

Wo das Land nicht frei ist und Rente entsteht, da wird der Lohn bestimmt durch das, was die Arbeit aus den höchsten ihr ohne Rentenzahlung offen stehenden Naturvortheilen erzielen kann.

Wo alles Land monopolisirt ist, da kann der Lohn durch die Concurrenz unter den Arbeitern auf das Minimum herabgedrückt werden, bei welchem dieselben sich noch fortpflanzen können und wollen. Dieses Minimum ist in dem vorhin formulirten Lohngesetze mit enthalten, weil die Grenze der Production nicht unter den Punkt fallen kann, bei dem noch ein hinreichender Lohn bleibt, um die Erhaltung der Arbeitskraft zu sichern.

Die Harmonie der Vertheilungsgesetze, wie wir sie erkannten, springt in's Auge. Erkennt man das Rentengesetz an, so erkennt man als seine Folge auch das dargelegte Gesetz des Lohnes und Zinses an. Denn wovon hängt die Anerkennung des Rentengesetzes ab? Offenbar von der Thatsache, daß die Wirkung der Concurrenz dahin geht, zu verhindern, daß der Ertrag der Arbeit und des Capitals irgendwo größer sei als auf dem ärmsten in Benutzung befindlichen Lande. Sehen wir dies ein, so sehen wir auch ein, daß der Besitzer des Landes den ganzen Ertrag als Rente zu beanspruchen in der Lage ist, der über den (durch einen gleichen Arbeits- und Capitalsaufwand) auf dem ärmsten in Benutzung befindlichen Lande erzielten Ertrag hinausgeht.

Die richtige Lehre ist also:

Die Grundrente hängt von der Grenze des Anbaues ab, steigt wie letztere sinkt, und sinkt wie jene steigt.

Der Lohn hängt von der Grenze des Anbaues ab, sinkt wie letztere sinkt, und steigt wie jene steigt.

Der Zins hängt von der Grenze des Anbaues ab, sinkt wie letztere sinkt, und steigt wie jene steigt.

Da die Güter aus Stoffen des Bodens bestehen, welche die Arbeit für die Befriedigung der menschlichen Wünsche ge= eignet macht, so ist Arbeit der thätige Factor in der Production der Güter, aber Land ist der passive Factor, ohne welchen die Arbeit weder produciren noch bestehen kann. In der Abhängig= keit des Menschen vom Lande haben daher die Gesetze der Gütervertheilung ihren gemeinsamen Mittelpunkt, ihre gegen= seitige Verbindung. In dieser offenbaren Thatsache liegt die Lösung des Räthsels der Arbeiterfrage. Was unerklärlich ist, wenn wir unsere unbedingte und beständige Abhängigkeit vom Lande aus dem Auge verlieren, ist klar, wenn wir sie an= erkennen, wie es sein muß, denn wir alle brauchen Land, ob= wohl in verschiedener Weise. Ohne Land kann kein Mensch leben, der Ackerbau ist nicht die einzige Art der Benutzung des Landes, sondern eine von vielen.

Wie verwickelt der industrielle Organismus auch wird, immer aber bleiben die unmittelbar den Boden betreffenden Beschäftigungen die grundlegenden, auf denen alle anderen ruhen, wie die Stockwerke eines Hauses auf dem Fundamente ruhen. Jetzt wie immer nährt der Landmann alle. Und die Arbeit in dieser ersten und weitesten aller Beschäftigungen be= stimmt nothwendig die allgemeine Lage der Arbeit, wie das Niveau des Oceans das Niveau aller seiner Arme, Buchten und Seen bestimmt. Wo in der Landwirthschaft eine große Nachfrage nach Arbeit besteht und der Lohn hoch ist, da muß bald auch in sämmtlichen Beschäftigungen eine große Nachfrage nach Arbeit und hoher Lohn eintreten. Wo es schwer ist, in der Landwirthschaft Beschäftigung zu finden und der Lohn in der Landwirthschaft tief steht, da muß es bald in allen Be= schäftigungen schwer sein, Arbeit zu erhalten und der Lohn bald auf einen tiefen Stand sinken. Nun ist der Umstand, welcher die Nachfrage nach Arbeit und den Lohnsatz in der Landwirthschaft bestimmt, offenbar die Fähigkeit der Arbeit, sich selbst zu beschäftigen — das heißt, die Leichtigkeit, womit Land zu erhalten ist. Dies ist der Grund, warum in neuen Ländern, so lange Grund und Boden leicht zu haben ist, der Arbeits= lohn nicht blos in der Landwirthschaft, sondern in allen Be= schäftigungen höher steht als dort, wo Grund und Boden schwer zu haben ist. Und daher rührt es, daß, je mehr der Werth des Bodens steigt, der Lohn fällt und die Schwierig=

keit, Beschäftigung zu finden, zunimmt. Dies kann jeder sehen, der sehen will. Es gilt für die neue wie für die alte Welt. Die Schwierigkeit, Arbeit zu finden, der Umstand, daß in allen Berufen das Angebot von Arbeit die Nachfrage nach Arbeit übersteigt, entspringt aus der Schwierigkeit der Arbeit, sich selbst zu beschäftigen, aus den Schranken, welche die Arbeit vom Grund und Boden trennen. Daß in jeder Branche ein Ueberfluß an Arbeitskräften besteht, rührt von der Schwierigkeit her, in anderen Gewerben Beschäftigung zu finden. Ohne dies würde der Ueberfluß sofort abgeleitet werden. Das „eiserne Lohngesetz", welches die Löhne auf dem Minimum erhält, bei welchem die Arbeiter zu leben und sich fortzupflanzen einwilligen, — ist das unvermeidliche Ergebniß des Umstandes, daß der Boden, von dem alle leben können und müssen, durch etliche Wenige für die immense Masse abgesperrt ist. Ich sage nicht, daß es zur Beseitigung dieser Calamität durchaus nöthig wäre, das Privateigenthum von Boden, welches die menschlichen Gesetze einführten, aufzuheben; es wäre lediglich eine Ergänzung dieser Gesetze erforderlich, dahin gehend, daß durch die Verstaatlichung der Grundrente jene erzwungene Concurrenz der Arbeiter um den Lebensunterhalt aufhörte, welche sie nöthigt, dem Grundbesitzer allen Verdienst abzuliefern, bis auf den nothwendigen Lohn, der sie in Arbeitsfähigkeit und Zahl ungeschmälert erhält, so daß sie zwar nicht formal, aber virtuell, der Gleichwerthigkeit nach, wie Sclaven sind. Man öffne also in irgend einer Weise den Zugang zu den Kräften und Stoffen der Natur, so wird die Schwierigkeit, Arbeit zu finden, aufhören und das traurige Schauspiel williger Hände, die in Hirn und Muskeln die Fähigkeit haben, sich ihre Bedürfnisse selbst zu decken und dennoch gezwungen sind, um Arbeit oder Almosen zu betteln, wird verschwinden, so sehr auch weitere Capitalien angehäuft und die Erfindungen von Maschinen vermehrt werden. Die Maschine und die Arbeitstheilung, welche jetzt positive Uebel für die Arbeiter geworden sind, würden ihr Los nur verbessern, und das Capital, statt die Arbeit zu drücken, würde ein willkommener Gefährte zur Unterstützung sein, wenn die natürlichen Materialien frei zugänglich wären. Die Concurrenz würde mehr unter den Arbeitgebern, um Arbeiter zu gewinnen, als unter den Arbeitern um Beschäftigung stattfinden, und so würden die Vortheile der Capitalanhäufung zur Unterstützung der Arbeit, nicht zum Nachtheile derselben dienen. Bei einer Lage, in der es keine unbeschäftigte Arbeit gibt, wo jeder für sich und seine Familie ohne Furcht oder Gunst seinen gerechten Theil an der Production findet, könnten große Vermögen zur Erweiterung des allgemeinen Wohlseins, aber nicht zur Erpressung und Tyrannei befähigen. „Arme habet ihr immer bei euch," sagt die Schrift: denn Krieg, elementare Unglücksfälle bringen immer über Einzelne und engere Kreise ein Mißgeschick; aber es gleicht sich rasch aus und findet schnelle Heilung, wenn die Allgemeinheit auf einer Basis steht, welche den Ueberfluß der Gesammtheit begründet. Darum heißt es auch nicht: „Die Armen haben euch immer bei sich," als ob sie, wie jetzt, die Masse sein sollen, sondern umgekehrt sagt das göttliche Wort, daß die Massen im glücklichen Wohlstand sich befinden sollen und so ohne Mühe befähigt sein werden, gelegentliche Schwierigkeiten Weniger, die unvermeidlich sind, zu beheben.

Um die bisher gewonnene Ueberzeugung tiefer zu begründen, fragen wir weiter: Was verursacht die Steigerung der Grundrente? Welches ist der zwingende Grund, daß bei Zunahme der Productionskraft ein desto größerer Theil des Productes auf die Grundrente entfällt? Wir haben hier die Wirkung der Bevölkerungszunahme für die Steigerung der Rente und diejenigen der Fortschritte im Gewerbe und Handel zu prüfen.

4. Die Steigerung der Grundrente.

a) Die wachsende Bevölkerung.

Die Art, wie die wachsende Bevölkerung die Grundrente steigert, ist nach der herrschenden Meinung die, daß nicht blos die größere Nachfrage nach Unterhaltungsmitteln die Production nach dem geringeren Boden drängt, sondern daß auch die Arbeit auf schlechterem Boden einen kleineren Gesammtertrag im Verhältniß zur aufgewendeten Arbeit einschließe. Aber es läßt sich leicht zeigen, daß letzteres nicht nothwendig zutrifft, selbst da nicht, wo in den Gewerben kein Fortschritt stattfand. Denn die Zunahme der Bevölkerung schließt von selbst und ohne einen Fortschritt in den Gewerben, eine Vermehrung der productiven Kraft der Arbeit ein. Die Arbeit von hundert Menschen wird, unter sonst gleichen Umständen, die Leistung eines Einzigen viel mehr als hundertmal hervorbringen, und die Arbeit von tausend Menschen viel mehr als zehnmal so viel zu Wege bringen, wie die Arbeit von hundert; und so wird mit jedem weiteren Paar Hände, das die zunehmende Bevölkerung bringt, die productive Kraft der Arbeit mehr als verhältnißmäßig vermehrt. Daher kann bei zunehmender Bevölkerung ein Zurückgreifen auf die geringere natürliche Productionskraft nicht nur ohne Verminderung in der durchschnittlichen Güterproduction im Vergleich zur Arbeit, sondern sogar ohne eine Verminderung beim niedrigsten Punkt stattfinden. Bei verdoppelter Bevölkerung kann Land von nur 20 Productivität der gleichen Summe von Arbeit ebenso viel gewähren, als vorher Land von 30 Productivität ergab. Denn man darf nicht vergessen, daß die Productivität des Bodens nicht in einem einzelnen Dinge, sondern in allen gewünschten Dingen gemessen werden muß. Ein Ansiedler kann auf einem Acker, der 100 Meilen von der nächsten Wohnung entfernt ist, ebenso viel Getreide bauen, als wenn sein Land im Centrum eines volkreichen Districtes läge. Aber in einer bevölkerten Gegend könnte er sich mit der gleichen Arbeit auf viel ärmerem Lande, oder auf gleich gutem Lande, für das er einen hohen Pacht zahlen müßte, ein ebenso gutes Auskommen verschaffen, weil inmitten einer großen Bevölkerung seine Arbeit wirksamer geworden sein würde, vielleicht nicht in der Production von Getreide, wohl aber in der Güterproduction überhaupt, d. h. der Gewinnung aller der Waaren und Dienste, welche der wirkliche Zweck der Arbeit ist.

Aber selbst wo beim niedrigsten Punkt die Productivität der Arbeit sich vermindert — d. h. wo die zunehmende Nachfrage nach Gütern die Production auf einen niedrigeren Punkt der natürlichen Productivität gedrängt hat, als die aus der Bevölkerungszunahme folgende Zunahme der Arbeitsleistung wett machen kann — folgt nicht, daß die Gesammtproduction, im Vergleich mit der Gesammtarbeit vermindert worden sei.

Nehmen wir Land von abnehmender Qualität an. Das Beste würde natürlich zuerst besiedelt werden, und in dem Maße, wie die Bevölkerung sich mehrt, würde sie das nächstbeste nehmen und so weiter. Da jedoch diese Vermehrung größere Ersparungen gestattet und dadurch die Wirksamkeit der Arbeit erhöht, so würde die Ursache, welche nach und nach das Land aller Qualität unter Cultur brachte, gleichzeitig die Summe der Güter erhöhen, welche dieselbe Menge von Arbeit darauf hervorzubringen vermag; ja noch mehr, sie würde die Productionsfähigkeit auf allen schon bebauten, besseren Ländereien erhöhen. Wären die Verhältnisse von Quantität und Qualität so, daß die Bevölkerungszunahme schneller die Wirksamkeit der Arbeit vermehrt, als zum Zurückgreifen auf weniger productives Land nöthigt, so würde der Minimalertrag der Arbeit zunehmen, obgleich die Grenze des Anbaues sich verengt und die Rente steigt. Das heißt, die Löhne würden absolut steigen, obwohl relativ, im Verhältniß zur Rente, sinken. Die durchschnittliche Güterproduction würde zunehmen. Wäre das Verhältniß so, daß die zunehmende Wirksamkeit der Arbeit gerade mit der abnehmenden Productivität des nach und nach in Benutzung genommenen Landes sich ausgliche, so würde die Wirkung der Bevölkerungszunahme die sein, die Rente, ohne die Löhne absolut herabzusetzen, durch Verengerung der Anbaugrenze zu steigern und die Durchschnittsproduction zu erhöhen. Nehmen wir jetzt an, die Bevölkerung nehme noch zu, aber zwischen der ärmsten Qualität des benutzten Landes und der nächstfolgenden sei der Unterschied so groß, daß die größere Kraft der Arbeit, die sich mit der zunehmenden Bevölkerung welche es unter Cultur nimmt, einfindet, denselben nicht zu compensiren vermag, so wird der Minimalertrag der Arbeit sinken, die Renten werden steigen und die Löhne fallen, nicht nur im Verhältniß, sondern auch absolut Aber wenn die Abnahme in der Qualität des Landes nicht schroffer ist, als wir uns füglich vorstellen dürfen und als es je der Fall ist, so wird die Durchschnittsproduction noch immer vermehrt werden, denn die erhöhte Leistungsfähigkeit, die sich mit der zunehmenden Bevölkerung, welche auf das geringere Land drängt, einstellt, theilt sich jeder Art von Arbeit mit, und der Gewinn auf den höheren Qualitäten des Landes wird für die verminderte Production auf den zuletzt in Angriff genommenen Qualitäten mehr als Ersatz bieten. Die gesammte Güterproduction wird im Vergleich zum gesammten Arbeitsaufwand größer sein, obgleich ihre Vertheilung ungleicher sein wird.

So bewirkt die Bevölkerungszunahme die Ausdehnung der Production auf niedrigere natürliche Niveaus und damit eine Steigerung der Rente und eine relative Herabsetzung des Lohnes, während sie den Lohn der Quantität nach (absolut) vermindern kann oder auch nicht; dagegen kann sie selten oder nie die gesammte Güterproduction im Vergleich zum gesammten Arbeitsaufwande vermindern, sondern steigert sie im Gegentheil und zwar häufig bedeutend.

Während aber so die Bevölkerungszunahme die Rente durch Verengerung der Anbaugrenze erhöht, ist es ein Irrthum, dies als den einzigen Modus anzusehen, wodurch die Rente steigt, je nachdem die Bevölkerung zunimmt. Die zunehmende Bevölkerung steigert die Rente, ohne die Anbaugrenze zu verengern, und steigert sie ohne Rücksicht auf die natürlichen Qualitäten des Landes, denn die erhöhten Kräfte des Zusammenwirkens und des Austausches, welche sich mit der Bevölkerungszunahme einstellen, wiegen erhöhte Bodenkraft auf, ja, man kann wohl ganz eigentlich sagen, sie verleihen dem Boden eine größere Leistungsfähigkeit. Nicht bloß, daß die größere Leistungsfähigkeit, die sich bei Zunahme der Bevölkerung einstellt, der gleichen Arbeit einen höheren, größere natürliche Kräfte des Bodens ausgleichenden Ertrag gibt, wie es auch bessere Methoden und Werkzeuge der Production thun, sondern auch, daß sie der auf den Grund und Boden angewiesenen Arbeit eine größere Kraft verleiht, die nicht der Arbeit im Allgemeinen, sondern nur der auf ein bestimmtes Land angewiesenen Arbeit inne wohnt, und die dem Lande ebenso anhaftet, wie jede andere Eigenschaft des Bodens, des Klimas, der geologischen Beschaffenheit oder natürlichen Lage und die, wie sie, mit dem Besitz des Landes übergehen.

Eine Verbesserung in der Culturmethode, die bei gleichen Auslagen jährlich zwei Ernten anstatt einer ergibt, oder eine das Arbeitsergebniß verdoppelnde Verbesserung in den Werkzeugen und Maschinen werden offenbar bei einem bestimmten Grundstück dieselbe Wirkung auf den Ertrag haben, wie eine Verdopplung der Fruchtbarkeit des Bodens. Der Unterschied aber liegt darin, daß die Verbesserung der Methode oder der Werkzeuge bei jedem Boden ausgenutzt werden kann, die erhöhte Fruchtbarkeit aber nur bei dem bestimmten, damit gesegneten Lande. Die aus zunehmender Bevölkerung entstehende größere

Productivität der Arbeit kann dagegen meist nur auf dem bestimmten Lande, dort aber in außerordentlich verschiedenem Grade ausgenutzt werden.

Denken wir uns eine unbegrenzte Fläche, die das Fuhrwerk des ersten Einwanderers trifft. Ein Morgen ist so gut wie der andere. Holz und Wild, Wasser, Fruchtbarkeit, Lage, alles herrlich. Endlich läßt sich, des Wählens überdrüssig, der Fremdling an beliebiger Stelle nieder. Er hat alles, was ihn reich machen würde in einer volkreichen Gegend, dennoch ist er arm. Er muß sein eigener Metzger, Schmied, Zimmermeister, kurz alles sein. Er muß in Quantitäten kaufen und in Vorrath halten, was er nicht selbst hervorbringen kann, denn er kann nicht immer seine Arbeit verlassen und bis zur nächsten weiten Stadt reisen. Er hat leicht genug zu essen, aber darüber hinaus genügt seine Arbeit nur, die einfachsten Bedürfnisse auf die roheste Art zu besorgen.

Bald kommt ein zweiter Ansiedler. Obgleich auf der weiten Fläche jeder Platz gleich gutes Land bietet, wählt er doch die Nachbarschaft des ersten Pflanzers, dessen Lage sofort nicht minder um vieles verbessert ist.

Es kommen weitere Ansiedler, bis sich an die Zwanzig um den ersten gefunden haben. Die Arbeit hat jetzt eine Leistungsfähigkeit, die sie in der Einsamkeit nie erreichen konnte. Ist ein Stück schwerer Arbeit zu thun, so haben die Ansiedler einen Rundtag und verrichten in einem Tage, was für Einen allein Jahre erfordern würde. Schlachtet einer eine Färse, so nehmen die anderen daran Theil, geben sie zurück, sobald sie schlachten und haben so immer frisches Fleisch. Sie nehmen zusammen einen Lehrer und die Kinder eines jeden werden für einen Theil der Summe unterrichtet, die der gleiche Unterricht den Ersten gekostet haben würde. Es ist leicht, zu der nächsten Stadt zu kommen, denn es geht immer der Eine oder der Andere hin. Aber solche Reisen sind viel weniger nöthig. Ein Schmied, Radmacher u. A. errichten eine Werkstatt und jeder Ansiedler kann seine Werkzeuge für einen Theil der Summe repariren lassen, die der Erste zahlen mußte. Ein Laden kommt hinzu, ein Arzt, ein Postbureau, eine Kirche. Es wird möglich, Bedürfnisse zu befriedigen, welche man in der Einsamkeit nicht befriedigen konnte. Die gesellige und geistige Natur des Menschen, welche ihn über das Thier erheben, finden Genüge.

Würde nun Jemand dem ersten Ansiedler den vollen Werth aller seiner Verbesserungen geben, wenn er seinen Besitz abtreten und wieder über die Grenze der fernsten Ansiedlung hinausgehen wolle, so würde das Angebot vergeblich sein. Denn liefert unserem ersten Ansiedler sein Land auch nicht mehr Weizen und Kartoffeln als vorher, so beschafft ihm seine Arbeit weit mehr von all den andern Dingen, für die die Menschen arbeiten. Die Bevölkerungszunahme hat die Productivität der auf diese Dinge verwendeten Arbeit erhöht, und Productivität verleiht dem Lande eine Ueberlegenheit über Land gleicher Natur, wo noch keine Ansiedler sind. Wenn kein anderer Boden übrig bleibt, als solcher, der ebenso weit von bevölkerten Gegenden entfernt ist, wie der unseres Ansiedlers, als er zuerst hinkam, so wird der Preis oder die Rente dieses Landes durch die Gesammtheit dieser erhöhten Fähigkeiten bemessen werden. Wenn aber eine ununterbrochene Strecke gleich guten Landes vorhanden ist, über das die Bevölkerung sich nun ausbreitet, so wird es für den neuen Ansiedler nicht nöthig sein, in die Wildniß zu gehen, wie es der Erste that. Der Preis des Landes wird somit von dem Vortheil abhängen, welchen es dadurch hat, daß es im Centrum statt an der Peripherie der Bevölkerung liegt. In dem einen Fall wird der Spielraum der Production derselbe bleiben, wie bisher, im anderen wird er steigen.

Die Bevölkerung fährt noch fort, zuzunehmen, und mit ihrer Zunahme vermehren sich auch die damit verknüpften Ersparungen, die thatsächlich die Ergiebigkeit des Landes erhöhen. Da unseres ersten Ansiedlers Land den Mittelpunkt der Bevölkerung bildet, so stehen der Laden, die Schmiede, andere Werkstätten, Post, Schule, Kirche auf demselben oder an dessen Rande, und bald entsteht ein Ort, der schnell ein Mittelpunkt für die Tausche der ganzen Gegend wird. Mit nicht größerer landwirthschaftlicher Ergiebigkeit, als es anfangs hatte, fängt dies Land nun an, eine Ertragsfähigkeit höherer Art zu entwickeln. Der zum Anbau von Korn u. s. w. verwendeten Arbeit wird es nicht mehr ergeben als vorher; aber der Arbeit, die in den speciellen Productionszweigen, welche die Nähe anderer Producenten erfordern, namentlich aber der Arbeit, die in jenem Schlußstein der Production, der Vertheilung aufgewendet wird, wird es ungleich höhere Erträge geben. Der

Weizenbauer kann weiter ziehen und Land finden, auf welchem seine Arbeit ebenso viel Weizen und fast ebenso viel Güter hervorbringt; aber der Handwerker, der Fabrikant, der Waaren=händler, der Arzt u. s. w. finden, daß ihre Arbeit hier im Mittelpunkt des Austausches ihnen viel mehr einträgt, als selbst nur eine kleine Strecke davon entfernt, und diesen Ueber=schuß der Ertragsfähigkeit für derartige Zwecke kann der Grund=besitzer fordern, gerade wie er den Ueberschuß der Weizen=productionsfähigkeit seines Landes fordern kann. Und so kann unser erster Ansiedler einige seiner Morgen als Bauplätze zu Preisen verkaufen, wie sie der Weizenbau nicht eingebracht hätte, wenn ihre Fruchtbarkeit auch verzehnfacht worden wäre. Mit dem Ertrag baut er sich ein schönes Haus und richtet sich wohnlich ein. Das heißt, um die Transaction auf ihren prägnantesten Ausdruck zurückzuführen, die Leute, welche das Land zu benutzen wünschen, bauen und möbliren ihm das Haus unter der Bedingung, daß er ihnen gestattet, sich die höhere Productivität zu Nutze zu machen, welche die Bevölke=rungszunahme dem Lande gegeben hat.

Die Bevölkerung fährt noch immer fort, sich zu ver=mehren, dem Lande immer größere Nützlichkeit zu verleihen und dessen Besitzer immer reicher zu machen. Der Flecken ist zu einer Stadt angewachsen, einem Chicago, San Francisco, und sie wächst noch immer. Die Production wird nun im großen Maßstab mit den besten Maschinen und Hilfsmitteln betrieben; die Theilung der Arbeit wird äußerst minutiös und vervielfältigt; der Austausch ist von solcher Ausdehnung und Schnelligkeit, daß er mit einem Minimum von Hinderniß und Verlust bewerkstelligt wird. Hieher laufen alle Straßen, fließen alle Ströme aus den weiten umliegenden Gegenden. Hier ist der Markt zum Verkaufen, hier der Vorrath zum Kaufen. Hier ist die geistige Thätigkeit in einem Brennpunkt vereinigt, und hier entspringt jene Anregung, die durch das Aufeinander=platzen der Geister erzeugt wird. Hier ist ein Mittelpunkt des menschlichen Lebens in allen seinen verschiedenen Kund=gebungen.

Alle diese Vortheile haften an dem Grund und Boden; auf diesem Boden und keinem anderen können sie ausgenutzt werden. Die productiven Kräfte, welche die Dichtigkeit der Be=völkerung diesem Boden verliehen hat, sind gleichwerthig mit hundert- und tausendfacher Vervielfältigung seiner ursprünglichen Fruchtbarkeit, und die Grundrente, welche den Unterschied zwischen seiner vermehrten Productivität und der des in Benutzung befindlichen wenigst productiven Landes mißt, hat sich entsprechend erhöht. Der werthvollste Grund und Boden der Erde, derjenige, der die höchste Rente ergibt, ist nicht Grund und Boden von außerordentlicher natürlicher Fruchtbarkeit, sondern solcher, dem durch die Bevölkerungszunahme eine außerordentliche Nutzbarkeit verliehen wurde.

Wo der Werth aus natürlichen Eigenschaften zu entstehen scheint, wie gutem Wasser, reichen Lagern von Kohlen und Eisen oder schwerem Bauholz, da zeigt die Beobachtung, daß gleichwohl die Bevölkerung den Werth bedingt. Die Kohlenlager Pennsylvaniens, welche heute enorme Summen darstellen, waren vor 60 Jahren werthlos; jene von Wyoming und Montana, welche heute werthlos sind, werden nach 50 Jahren enorme Preise haben, einfach, weil die Bevölkerung bis dahin bedeutend zugenommen haben wird.

Die Wirkung der Bevölkerungszunahme auf die Gütervertheilung besteht also darin, daß sie die Rente erhöht (und mithin den Theil des Productes, der auf das Capital und die Arbeit entfällt, vermindert) und zwar erstens durch die Verengerung der Anbaugrenze, zweitens durch das Zuwegebringen specieller, sonst latenter Fähigkeiten im Boden, sowie durch die Verleihung specieller Fähigkeiten an ein bestimmtes Land, und letzteres ist wohl das bedeutendere Moment.

b) **Der gewerbliche Fortschritt und die Vertheilung.**

Wir haben gesehen, daß die Zunahme der Bevölkerung die Rente erhöht mehr durch die Steigerung als Verringerung der Productivität der Arbeit. Wir wollen jetzt zeigen, daß unabhängig von der Bevölkerungszunahme auch die Wirkung der Fortschritte in den Methoden der Production und des Austausches dahin geht, die Rente zu erhöhen.

Die Wirkung der Erfindungen und Verbesserungen in den productiven Gewerben besteht darin, Arbeit zu ersparen, d. h. das gleiche Resultat mit weniger Arbeit und ein größeres Resultat mit derselben Arbeit zu sichern.

In einer Gesellschaft, in der die vorhandene Arbeitskraft alle materiellen Wünsche befriedigen und neue Wünsche durch diese Befriedigung nicht erweckt würden, könnten arbeitsparende Verbesserungen blos dazu führen, die Summe der Arbeit zu vermindern. In der wirklichen Gesellschaft aber war und ist das gerade Gegentheil der Fall, der Mensch ist kein Ochs. Das Verlangen steigt mit jeder weiteren Gelegenheit, es zu befriedigen. Deshalb wird die Wirkung arbeitsparender Verbesserungen die Vermehrung der Güterproduction sein. Nun sind für diese letztere Arbeit und Land nöthig. Deshalb werden arbeitsparende Verbesserungen die Nachfrage nach Land ausdehnen und, wo immer die Grenze der Qualität des benutzten Landes erreicht ist, Grund und Boden von geringerer natürlicher Ergiebigkeit unter Cultur bringen oder auf demselben Boden die Cultur bis zu einem Punkt geringerer natürlicher Ergiebigkeit ausdehnen. Und während so die ursprüngliche Wirkung arbeitsparender Verbesserung die ist, die Kraft der Arbeit zu vermehren, ist die secundäre Wirkung die, den Anbau auszudehnen, und, wo dies die Grenze des Anbaues verengert, die Rente zu steigern. Wo daher der Grund und Boden vollständig angeeignet ist, wie in Europa, oder, sobald er gebraucht wird, angeeignet werden kann, wie in Amerika, da ist die schließliche Wirkung der Verbesserungen die, die Rente zu erhöhen, ohne den Lohn oder Zins zu steigern. So kommt es, daß arbeitsparende Maschinen dem Arbeiter nirgendwo Vortheil bringen.

Um diese Wahrheit ganz zu begreifen, muß man die Tauschfähigkeit der Güter im Auge behalten. Man muß im Auge behalten, daß der Besitz oder die Production irgend einer Form der Güter so gut ist wie der Besitz oder die Production irgend einer anderen Form, mit der sie sich vertauschen läßt, um klar zu sehen, daß nicht bloß Verbesserungen, welche für directe Landarbeit eine Ersparniß bewirken, sondern alle Verbesserungen, die auf irgend eine Art Arbeit sparen, die Rente erhöhen.

Daß die Arbeit des Einzelnen sich ausschließlich auf die Production einer Form des Reichthums richtet, ist nur das Resultat der Theilung der Arbeit. Der Zweck der Arbeit eines Einzelnen ist nicht die Gewinnung von Gütern in einer besonderen Form, sondern in all den Formen, auf die seine Wünsche gerichtet sind. Und somit ist eine Verbesserung, die Ersparnisse in der zur Hervorbringung eines der gewünschten Dinge erforderlichen Arbeit bewirkt, so gut wie eine Vermehrung der Kraft, alle anderen Dinge hervorzubringen. Erfordert es eines Mannes halbe Arbeit, ihm Nahrung, und die andere Hälfte, um ihm Kleider und Obdach zu schaffen, so wird eine Verbesserung, die seine Fähigkeit, Nahrungsmittel hervorzubringen, vermehrt, auch seine Fähigkeit, sich Kleider und Obdach zu verschaffen, erhöhen. Wenn sein Wunsch nach mehr und besserer Nahrung und sein Wunsch nach mehr und besseren Kleidern und Obdach gleich wären, so würde eine Verbesserung auf dem einen Arbeitsgebiete genau gleichbedeutend sein mit einer gleichen Verbesserung auf dem andern. Wenn die Verbesserung die Kraft seiner Arbeit um Nahrungsmittel verdoppelte, so würde er ein Drittel weniger Arbeit auf die Production von Nahrung und ein Drittel mehr auf die Beschaffung von Kleidern und Obdach verwenden. In jedem Fall würde das Resultat das gleiche sein: er wäre im Stande, mit derselben Arbeit ein Drittel mehr an Quantität oder Qualität all der von ihm gewünschten Dinge zu erlangen.

Und so erhöht, wo die Production mit Theilung der Arbeit zwischen den Einzelnen betrieben wird, die Zunahme der Fähigkeit, eins der von den gesammten Producenten gesuchten Dinge hervorzubringen, die Fähigkeit, andere zu erhalten, und wird die Production der anderen in einem Umfang vermehren, der durch das Verhältniß der Arbeitsersparniß zur Gesammtsumme der aufgewendeten Arbeit und durch die relative Stärke der Bedürfnisse bestimmt wird. Leichenwagen und Särge wurden als Beispiele von Dingen angeführt, nach denen die Nachfrage nicht zunehmen würde, aber dies ist nur bezüglich der Quantität richtig; man würde kostspieligere fragen.

Auch ist die Nachfrage nach Nahrungsmitteln nicht beschränkt. Eine feste Quantität bilden diese nur insofern, als sie ein bestimmtes Minimum haben. Aber über dieses Minimum hinaus können die Unterhaltungsmittel, die einer verbrauchen kann, fast ins Unbestimmte vermehrt werden. Wenn einer reich wird, hält er sich Pferde, Diener, Gärten; seine Nachfrage nach Land steigt, da mehr Land zur Befriedigung seiner Bedürfnisse nöthig ist, als da er arm war.

Und so verursacht jede Verbesserung, welche der Arbeit die Kraft verleiht, mehr Güter zu erzeugen, eine vermehrte Nachfrage nach Land und seinen directen Producten und wirkt so darauf hin, den Spielraum des Anbaues einzuengen, genau so, wie es die durch Bevölkerungszunahme verursachte Nachfrage thun würde. Da dies der Fall ist, so hat jede arbeitsparende Erfindung die Wirkung, die Grundrente zu erhöhen.

Wenn die Verbesserungen fortdauern, so wird die Leistungs=fähigkeit der Arbeit noch mehr vergrößert, und in dem Maße, wie jene fortschreiten und diese erhöhen, wird die Grundrente beständig zunehmen, wenn auch die Bevölkerung stationär bleibt.

Und da den Fortschritten der Erfindungen keine Grenze gesteckt werden kann, so auch nicht der Rentenerhöhung, außer in der Gesammtproduction. Denn wenn die arbeitsparenden Erfindungen so weit gingen, bis Arbeit überhaupt nicht mehr nöthig wäre, dann könnte alles von der Erde Erzeugbare ohne Arbeit gewonnen werden und die Anbaugrenze würde auf Null sinken. Lohn und Zins würde es nicht mehr geben und die Rente würde alles nehmen. Einen Vorgeschmack solch' einer Lage hat man, wenn man in den großen, mit Maschinen be=arbeiteten Weizenfeldern Californiens und Dakotas meilenweit durch wallende Kornfelder reitet, ohne eine menschliche Wohnung zu sehen. Manch' armer Bursche, den so die Maschine von seiner Stätte vertrieb, findet da, daß die Erfindung für ihn ein positives Uebel wurde.

So lange freilich eine Verbesserung erst von We=nigen angewandt wird, berührt sie die allgemeine Güterver=theilung nicht.

Erwähnt muß noch werden, daß auch Fortschritte in der politischen Verfassung, der Verwaltung und in den Sitten gleich den materiellen Verbesserungen die productive Kraft erhöhen und Vortheile gewähren, welche schließlich wieder von den Be=sitzern des Bodens monopolisirt werden. Ein Beispiel liefert dafür die Abschaffung des Schutzzolles in England. Der Frei=handel hat den Reichthum Englands enorm vermehrt, ohne den Pauperismus zu vermindern. Er hat einfach die Rente erhöht. Und würden die corrupten Verwaltungen gewisser großer Städte und Staaten in Muster von Reinheit und Sparsamkeit verwandelt, so würde die Wirkung davon nur sein, den Werth des Grundbesitzes zu vermehren, aber weder den Lohn noch den Zins zu erhöhen.

c) **Erwartungen vom materiellen Fortschritt.**

Um den Einfluß des materiellen Fortschrittes auf die Gütervertheilung vollständig zu erklären, ist noch ein besonderer Umstand in Betracht zu ziehen. Dies ist die sichere Erwartung einer weiteren Steigerung der Landwerthe, die in allen fortgeschrittenen Ländern aus der beständigen Erhöhung der Rente erwächst, und die zur Speculation, d. h. zum Ankauf von Land um einen höheren Preis, als es für jetzt bringen würde, führt.

Wir nahmen bisher an, daß der Anbau sich erst dann zu weniger productiven Punkten wendet, wenn es darum nöthig wird, weil die Naturvortheile auf ergiebigeren Punkten vollständig ausgenützt sind.

Dies ist wahrscheinlich der Fall in stillstehenden oder sehr langsam fortschreitenden Ländern, aber es ist nicht so in schnell fortschreitenden Ländern, wo die schnelle und beständige Steigerung der Rente zuversichtliche Berechnungen einer weiteren Steigerung gestattet. In solchen Ländern erzeugt die sichere Erwartung höherer Preise in höherem oder geringerem Grade Coalitionen unter den Grundbesitzern, entzieht den Grund und Boden der Benutzung und beengt so den Spielraum des Anbaues weiter, als es die Erfordernisse der Production nöthig machen.

Diese Ursache muß bis zu einem gewissen Grade in allen fortschreitenden Ländern wirken, obgleich sie in Ländern wie England, wo das Pachtsystem im Ackerbau vorherrscht, sich mehr im Verkaufspreise des Landes als in der landwirthschaftlichen Grenze des Anbaues oder der thatsächlichen Rente zeigen mag. Aber in Ländern wie Amerika, wo der Landbauer gewöhnlich vorzieht, das Land zu besitzen, und wo ungeheure Strecken Landes disponibel sind, wirkt sie mit ungeheurer Kraft. Hier wird der Mann über ungeheure, von der Speculation schon angekaufte, obgleich unbenutzte Strecken weit hinweggetrieben, ehe er freies Land findet; und läßt er sich dort nieder, so sucht er gleich mehr Land zu kaufen, als er gebraucht, weil er auf eine Steigerung der Landpreise hofft. Und so ist es auch in den Städten, wo man ganze Plätze auf Grund solcher Hoffnung unbebaut läßt; und über die Grenze der Städte ist wegen jener Hoffnung der Speculation wieder kein Land weithin käuflich, wie es sein würde, wenn die Grundrente einfach durch die Erfordernisse der Gegenwart bestimmt würde.

Wäre es möglich, den Lohn beständig zu ermäßigen, bis Null erreicht ist, so könnte die Rente fortwährend steigen, bis sie das ganze Product verschlänge. Da aber der Lohn nicht dauernd unter den Punkt gesetzt werden kann, bei welchem der Arbeiter noch arbeiten und sich fortpflanzen will, noch der Zins unter den Punkt, bei welchem sich noch Capital anbietet, so hat die speculative Erhöhung der Rente ein Grenze, weshalb sie dort, wo Lohn und Zins schon dem Minimum nahe stehen, nicht gleichen Spielraum zur Steigerung hat wie dort, wo sie bedeutend darüber stehen. Daß jedoch in allen fortschreitenden Ländern die speculative Steigerung der Rente die beständige Tendenz hat, die Grenze zu überschreiten, wo die Production aufhören würde, zeigt sich in den immer wiederkehrenden Zeiten industrieller Lähmung.

5. Die industriellen Krisen.

Die wachsende Complicirtheit und gegenseitige Abhängigkeit des Productionsbetriebes, welche jeden Stoß oder jede Stockung durch einen sich immer erweiternden Kreis fortpflanzt; das Hauptgebrechen der Geldsysteme, daß die Umlaufsmittel sich zusammen ziehen, wenn sie am nöthigsten sind, und die furchtbaren Abwechslungen des Credits, der mehr als das Geld das Mittel des Austausches bietet; die Schutztarife, welche dem freien Spiel der productiven Kräfte künstliche Schranken setzen, und ähnliche Ursachen haben ohne Zweifel bedeutenden Antheil an der Hervorrufung und Verlängerung der sogenannten schweren Zeiten, welchen alle Länder unterworfen sind. Aber die Betrachtung der Principien wie die Beobachtung der Thatsachen zeigt, daß die große ursprüngliche Ursache in der speculativen Steigerung der Landwerthe liegt.

Wir sahen, daß diese Steigerung dahin wirkt, den Spielraum des Anbaues oder der Production über ihre normale Grenze zu drängen, wodurch Arbeit und Capital gezwungen werden, mit einem geringen Betrag vorlieb zu nehmen oder die Production einzustellen. Die Selbsterhaltung zwingt sie zu dieser Einstellung, da unter einem Minimum weder Arbeit noch Capital bestehen oder erhalten werden kann. Deshalb kann man aus der Speculation in Land alle Erscheinungen ableiten, welche die wiederkehrenden Zeiten industrieller Krisen kennzeichnen.

Nehmen wir ein Land, in welchem die Bevölkerung zunimmt, eine Verbesserung der anderen folgt und der Boden fortwährend im Preise steigt. Diese stete Erhöhung veranlaßt natürlich zur Speculation, bei der eine künftige Steigerung erwartet wird, und die Landwerthe werden über den Punkt getrieben, bei welchem, unter den bestehenden Productionsverhältnissen, ihre gewohnten Erträge der Arbeit und dem Capital überlassen bleiben würden. Die Production fängt daher an, zu stocken. Es tritt ein Zustand ein, der in einem fortschreitenden Lande gleichbedeutend mit einer absoluten Productionsverminderung in einem stationären Lande ist: die Production nimmt nicht entsprechend zu, weil der neue Zuwachs an Arbeitskräften und Capital zu den gewohnten Sätzen keine Beschäftigung findet.

Diese Stockung der Production an einzelnen Punkten muß sich nothwendig an anderen Punkten des industriellen Netzwerkes in einem Aufhören der Nachfrage zeigen, wodurch wieder die dortige Production gehemmt wird, und so muß sich die Lähmung allen Verzweigungen der Industrie und des Handels mittheilen, überall eine theilweise Ausrenkung der Production und des Austausches bewirken und in der Erscheinung enden, welche je nach dem Standpunkt der Betrachtung Ueberproduction oder Ueberconsumtion anzudeuten scheint.

Die Zeit des nun folgenden geschäftlichen Druckes wird fortdauern, bis 1. die speculative Steigerung der Rente aufgehört hat, 2. die Zunahme der Arbeitsleistungen in Folge der Bevölkerungszunahme und der fortschreitenden Verbesserungen die normale Linie der Rente in den Stand gesetzt hat, die speculative Linie der Rente zu überholen, oder 3. die Arbeit und das Capital sich darin gefunden haben, für einen geringeren Ertrag sich auf die Production einzulassen. Höchst wahrscheinlich würden alle drei Ursachen zusammenwirken, um ein neues Gleichgewicht zu schaffen, bei welchem alle Kräfte der Production sich wieder betheiligen und eine Zeit der Thätigkeit die Folge sein würde; worauf die Rente neuerdings steigen, eine speculative Erhöhung wiederum stattfinden, die Production auf's

Neue gehemmt werden und dieselbe Reihenfolge nochmals vor sich gehen wird.

In dem complicirten System der modernen Production sieht man die Wirkung nicht so klar auf die Ursache folgen wie in einem einfachen und geschlossenen Gebiet; aber die Erscheinungen leiten sich gleichwohl aus der speculativen Rentensteigerung her.

Wir gewinnen dasselbe Princip mittels Aufspürung der Erscheinungen durch Induction.

Zeiten der Lähmung gehen immer Zeiten der Thätigkeit und Speculation voraus, und allseitig wird die Verbindung zwischen beiden zugegeben und die Lähmung als Reaction gegen die Speculation angesehen wie das Kopfweh die Reaction gegen die wüst verlebte Nacht ist. Betreffs der Art jedoch, in welcher die Lähmung aus der Speculation hervorgeht, bestehen zwei Richtungen der Ansichten.

Die Einen sagen, die Speculation rufe die Lähmung durch Ueberproduction hervor und zeigen auf die mit Waaren gefüllten Speicher, auf die geschlossenen Fabriken, die ruhenden Bergwerke und Dampfer, das müßig liegende Geld und die feiernden und hungernden Arbeiter; man deutet überdies an, daß, wenn eine Regierung in Kriegszeit als großer Consument auf den Markt komme, gute Zeiten herrschen.

Die Andern sagen, die Speculation rufe die Lähmung durch Ueberconsumtion hervor und deuten umgekehrt auf die vollen Speicher und müßigen Arbeiter als Beweise des Aufhörens wirksamer Nachfrage hin, weil die Leute angeblich über ihre Mittel gelebt hatten und jetzt gezwungen sind, sich einzuschränken; zugleich ist ihnen ein etwaiger Krieg, ein „bewaffneter Friede", Anleihen bankerotter Regierungen ein Beleg für Ausschweifungen, die jetzt durch eingeschränkten Consum wieder gut zu machen seien.

Beide Erklärungen sind unbrauchbar. Denn wie kann da Ueberproduction herrschen, wo die großen Massen der Menschen mehr Güter brauchen, als sie erhalten können, und wo sie bereit sind, das dafür zu geben, was die Basis der Güter ist, — ihre Arbeit? Wo die Maschinen verkommen und die Producenten zu unfreiwilligem Müßiggang verurtheilt sind?

Wenn mit dem Wunsch, mehr zu consumiren, gleichzeitig die Fähigkeit und der Wunsch besteht, mehr zu produciren, so kann die industrielle und commercielle Lähmung weder der Ueberproduction noch der Ueberconsumtion zugeschrieben werden. Der Uebelstand liegt offenbar darin, daß Production und Consumtion sich nicht begegnen und gegenseitig befriedigen können.

Wie entsteht dieses Unvermögen? Augenscheinlich und allseitiger Annahme zufolge ist es die Folge der Speculation. Aber der Speculation worin?

Sicherlich nicht der Speculation in Erzeugnissen der Arbeit, Ackerproducten, Bergbauproducten, fabricirten Waaren. Denn die Wirkung der Speculation in derlei Dingen ist anerkannter Maßen einfach die, die Nachfrage und das Angebot auszugleichen und der Wechselwirkung zwischen Production und Consumtion durch eine Vorrichtung, ähnlich der eines Schwungrades an einer Maschine, Stetigkeit zu verleihen.

Deshalb muß es eine Speculation in Dingen sein, die keine Arbeitserzeugnisse, aber doch zur Bethätigung der Arbeit in der Production von Gütern nothwendig sind — in Dingen bestimmter Quantität, d. h., es muß die Speculation in Land sein. Und dies ist in der ganzen civilisirten Welt sichtbar.

Die Zergliederung der Thatsachen bestätigt diese Lehre.

Aller Handel ist Austausch von Waaren gegen Waaren und somit ist das die Krisis bezeichnende Aufhören der Nachfrage nach einigen Waaren thatsächlich auch ein Aufhören im Angebot anderer Waaren, somit ein Beweis für die Verminderung der Production an irgend einem Punkt der Industrie. Nun ruht die industrielle Pyramide unstreitig auf dem Grund und Boden. Die ersten Beschäftigungen, welche eine Nachfrage nach allen andern erzeugen, sind jene, welche der Natur Güter abgewinnen, und wir müssen, wenn wir einer Hemmung in den Austauschen von einer Beschäftigung zur anderen nachspüren, schließlich ein Hinderniß finden, welches die Arbeit abhält, sich auf den Grund und Boden zu richten. Und dieses Hinderniß ist klärlich die speculative Erhöhung der Rente oder des Landwerthes, welche dieselbe Wirkung hat, wie eine Aussperrung der Arbeit und des Capitals seitens der Landbesitzer. Diese Hemmung der Production, an der Grundlage des Gewerbfleißes beginnend, pflanzt sich von Punkt zu Punkt in das Austauschnetz fort und das Aufhören des Angebotes wird zur Einstellung der Nachfrage, bis die ganze Maschine sozusagen aus Rand und Band geht und allenthalben das Schauspiel vergeudeter Arbeitskraft und nothleidender Arbeiter gewährt.

Dieses Schauspiel müßiger und arbeitswilliger Massen zeigt deutlich auf die wahre Ursache hin. Man spricht von Arbeitsmangel, aber offenbar ist es nicht die Arbeit, die fehlt, solange der Mangel dauert; offenbar kann das Arbeitsangebot nicht zu groß sein, noch die Nachfrage nach Arbeitskräften zu klein, wenn Menschen an Dingen Mangel leiden, welche die Arbeit erzeugt. Der wahre Grund muß der sein, daß das Angebot irgendwie verhindert ist, der Nachfrage zu entsprechen, daß irgendwo ein Hinderniß besteht, welches die Arbeit hindert, die Dinge zu erzeugen, welche die Arbeiter brauchen.

Nehmen wir einen arbeitslosen Mann, dem es bei seiner Noth in den Kopf käme, es seien zu viel Menschen in der Welt. Sein und seines Weibes und seiner Kinder Hunger ruft laut genug nach Arbeit. In seinen eigenen willigen Händen ist das Angebot. Setzt man ihn auf eine einsame Insel, so vermögen seine Hände, die Münder zu füllen, die Rücken warm zu halten. Aber mitten in der Civilisation, umgeben von Maschinen, wo die productive Kraft ihren Höhepunkt erreichte, ist er nicht im Stande dazu. Warum? Ist der Grund nicht der, daß er in dem einen Fall zu den Stoffen der Natur Zutritt hat und ihm in dem andern dieser Zutritt versagt ist? Was erforderlich ist, um die Arbeit zu befähigen, die Dinge des täglichen Bedarfs hervorzubringen, ist zuerst Land. Die Arbeit bringt in der Güterproduction bestehende Stoffe in die gewünschten Formen und muß daher Zutritt zum Lande haben, welches die Substanz bietet, der die Arbeit Form gibt. Nicht der Ladenbesitzer zieht den Landmann in eine Gegend, sondern der letztere den ersteren. Es ist nicht das Wachsthum der Stadt, welches das platte Land entwickelt, sondern die Entwicklung des Landes läßt die Stadt wachsen. Putzmacher, Optiker, Vergolder sind nicht die Pioniere neuer Ansiedelungen. Wenn daher in allen Geschäften arbeitswillige Menschen sind, die keine Gelegenheit zur Arbeit finden können, so muß die Schwierigkeit aus derjenigen Beschäftigung erwachsen, die wiederum eine Nachfrage nach allen anderen erzeugt, es muß der Fall vorliegen, daß die Arbeit von dem Grund und Boden abgeschnitten ist. Und ist sie abgesperrt, weil etwa alles Land schon in Benutzung wäre? Keineswegs, denn es gibt immense Strecken unbenutzten Landes. Aber das Land wird monopolisirt und auf Speculationspreisen gehalten, die auf die Hoffnung eines künftigen Wachsthums der Bevölkerung basirt sind. Wo Ueberfluß an Capital und Angebot von Arbeit ist, darf man nicht secundäre Factoren als die Grundursache der Lähmung ansehen: das hieße eine ungewöhnliche Ebbe dadurch erklären wollen, daß irgend jemand dem Ocean einige Extra=Eimer voll Wasser entnommen habe.

Was in den vereinigten Staaten vorging, spielte sich in verschiedenen Graden in der ganzen fortschreitenden Welt ab. Ueberall sind die Landwerthe mit dem materiellen Fortschritt beständig gestiegen und überall erzeugte diese Steigerung eine speculative Erhöhung. Der Impuls des ursprünglichen Anstoßes strahlte nicht nur von den neueren Theilen der Union nach den älteren und von Amerika nach Europa aus, sondern überall wirkte der ursprüngliche Anstoß auch direct ein. Und daraus folgte eine über die ganze Welt verbreitete Lähmung des Gewerbfleißes und Handels, erzeugt durch einen nicht minder ausgebreiteten Fortschritt. Daß eine speculative Steigerung der Landwerthe unabänderlich allen Zeiten industrieller Krisen vorangeht, ist überall sichtbar. Daß beide im Verhältniß von Ursache und Wirkung stehen, muß jedem einleuchten, der die nothwendige Verbindung zwischen Land und Arbeit in Betracht zieht. Die Krisis zeigt sich plötzlich, wie ein Blitz aus heiterer Luft, Fallissement folgt auf Fallissement, aber vorher ging die Mißhandlung des Bodens, wie eine Pyramide plötzlich zusammenbricht, nachdem die allmähliche Zerstörung des Fundamentes endlich den Punkt erreicht, wo die Gravitation die Cohäsion der Theile überwindet.

6. Die dauernde Armuth beim Fortschritt des Reichthums.

Die bisherigen Betrachtungen haben das große Problem, von dem die industriellen Lähmungen nur besondere Merkmale sind, vollständig gelöst. Die socialen Erscheinungen, welche in der ganzen Welt den Menschenfreund betrüben, den Staats=

mann verwirren, die Zukunft umwölken und den Nutzen der
Fortschritte mit Zweifeln umgeben, sind jetzt erklärt:

Der Grund, weshalb trotz der Zunahme der productiven
Kraft der Lohn beständig einem Minimum zustrebt, der nur
gerade zum Leben hinreicht, liegt darin, daß die Grundrente
noch mehr als die Productionskraft zu steigen strebt und so
eine beständige Tendenz zum Niederdrücken des Lohnes her=
vorbringt.

Die Vermehrung der Bevölkerung, der Austausche, der
Entdeckungen, die Verbesserungen aller Art, wie die edelsten
Triebe sittlicher Menschen haben eine directe Tendenz, die pro=
ductive Kraft aller Arbeit in allen Erwerbszweigen zu mehren.
Aber die Vortheile des Fortschrittes fallen der Arbeit nicht zu,
weil sie ihr unterschlagen werden. Da das Land für die Arbeit
nothwendig ist, aber für sie abgesperrt wird, so erhöht jede
Steigerung der productiven Kraft der Arbeit nur die Grund=
rente, den Preis, welchen die Arbeit für die Gelegenheit, sich
zu bethätigen, zahlen muß; und so gehen alle durch den Fort=
schritt gewonnenen Vortheile an die Grundbesitzer, und der Lohn
steigt nicht. Durch die fortwährende Steigerung der Grundrente
erzeugt, entsteht eine speculative Tendenz, welche die Wirkung
künftiger Verbesserungen durch eine noch weitere Steigerung der
Rente discontirt und so bewirkt, den Lohn, wo es nicht schon
durch die normale Steigerung geschehen ist, auf den Sklaven=
punkt niederzudrücken, den Punkt, bei welchem der Arbeiter gerade
noch leben kann.

Die Verbesserungen steigern die Theilung der Arbeit und
der Gesammtkörper der Arbeiter wird leistungsfähiger auf Kosten
der Unabhängigkeit des Einzelnen. Der einzelne Arbeiter er=
wirbt Kenntniß und Geschick für kleinste Theile der nöthigen
Producte, aber das ganze Product kann er nicht machen. Das
Gesammtproduct eines wilden Stammes ist klein, aber jeder
kann alles zum Leben Erforderliche machen und ist daher un=
abhängig. Selbst die Möglichkeit, seine Theilarbeit für seine
Bedürfnisse zu verwenden, kann ihm genommen werden durch
Ursachen, die er nicht beherrscht. So wird der Arbeiter sklaven=
artig zur Maschine, zur Waare. Im Herzen der Civilisation
gibt es also große Classen, mit denen der wilde Naturmensch
nicht tauschen würde. Diese Classen leiden die Entbehrungen
des Wilden, ohne sein Gefühl persönlicher Freiheit zu haben;

sie sind zu größerer Niedrigkeit verurtheilt als er, ohne seine
rohen Tugenden entwickeln zu können; wenn ihr Horizont weiter
ist, so dient es nur dazu, ihnen ein Glück zu enthüllen, das
sie nicht genießen können. Die Civilisation mit ihrem Fortschritt
ist ein eiserner Absatz geworden, der die Massen zertritt. Man
sendet Missionäre zu den Wilden, ohne wirksame Einrichtungen
zu treffen gegen eine Entwürdigung der Menschheit in civili=
sirten Ländern, wie sie bei Wilden nicht vorkommt: und dann
wundert man sich noch über den Verfall der Religion, den
diese selbige civilisirte Welt herbeiführt, vor allem durch die
Aussperrung der Arbeit von ihrem Arbeitsfeld, das der gütige
Schöpfer allen bereitet hat!

Ueberall, wo man Armuth und Elend inmitten des Reich=
thums findet, wird man auch finden, daß das Land mono=
polisirt ist, daß für dessen Benutzung große Einkommen aus den
Erträgen der Arbeit erpreßt werden. Ueberall beweisen die
Thatsachen, daß es nicht der Ueberfluß des Capitals oder die
Ergiebigkeit der Arbeit ist, was den Lohn hoch oder niedriger
macht, sondern die Ausdehnung, bis zu welcher der Monopol=
inhaber des Landes in der Rente die Erträge der Arbeit tri=
butär machen kann. Ist nicht in neuen Ländern, wo der
Gesammtreichthum klein, das Land billig ist, der Arbeiter besser
daran, als in alten Ländern, wo das Land theuer ist? Findet
man da, wo das Land billig ist, nicht auch den Lohn ver=
hältnismäßig hoch, und, wo das Land theuer ist, den Lohn
niedrig? Je mehr das Land an Werth zunimmt, desto größer
ist die Armuth, der Pauperismus. In den großen Städten,
wo das Land so theuer ist, daß es nach dem Fuß gemessen
und hoch taxirt wird, findet man die Extreme der Armuth und
des Luxus. In London ist der Grund und Boden werthvoller,
als in New=York, und in London ist Schmutz und Elend
schlimmer, als in New=York. Die Vergleichung verschiedener
Zeiten ergibt dasselbe. Hallam's Ergebniß langer Forschung ist,
daß während des Mittelalters in England der Lohn höher war,
als jetzt. Die große Zunahme der Leistungsfähigkeit der Arbeit,
welche in der Landwirthschaft auf 700—800 Procent geschätzt
wird und in vielen Industriezweigen fast unberechenbar ist, hat
nur die Rente erhöht. Die Rente von Ackerland ist in England,
in Geld gemessen, 120mal so groß, als vor 500 Jahren, in
Weizen 14mal, während in der Rente von Baugrund oder

Bergwerkbesitz die Steigerung noch unvergleichlich größer ist.
In Belgien und Flandern, in Frankreich und Deutschland hat
sich die Grundrente und der Verkaufspreis von Ackerland in
den letzten 30 Jahren verdoppelt. Die größere Productions=
kraft hat überall den Werth des Landes erhöht, nirgends aber
den Werth der Arbeit gesteigert; denn der Lohn, obschon er
aus anderen Ursachen an manchen Orten etwas gestiegen ist,
ist überall im Verhältniß zum Product gesunken. Aber es bedarf
der historischen Beispiele so wenig, als sie für die Anziehungs=
kraft der Schwere nöthig sind. Die Rente muß den Lohn her=
absetzen, und daß sie ihn wirklich herabsetzt, kann jeder, wo
er auch stehe, sehen.

Kurz, die einfache Wahrheit, welche sich aus allen Be=
trachtungen ergibt, ist die, daß zur Verrichtung von Arbeit bei
der Güterproduction Land nöthig ist, und daher die Verfügung
über das Land in den Stand setzt, wenn man will, auch über
alle Früchte der Arbeit zu verfügen, außer so viel, als zur
bloßen Existenz des Arbeiters nothwendig ist. Der Inhaber des
Landes hat die Früchte der Arbeit in seiner Hand; es hängt
von seinem Willen ab, wie viel er dem Arbeiter davon geben
wird, nur das Minimum für die Existenz ist eine durch den
Zwang des eigenen Interesses abgeforderte Betheiligung. Eine
Welteinrichtung, welche in dieser Art Menschen von Menschen
abhängig macht, negirt die natürlichen Rechte und kann nicht
von Gott, sondern nur von schlechten Maßregeln und Anord=
nungen der Menschen herrühren. Trugschlüsse und mißleitende
Theorien verhüllen diese einfache Wahrheit den Massen, und
hinter jenen Trugschlüssen und Theorien steckt die Macht des
Egoismus einer Minorität, welche die Majorität der Menschen
nicht aufkommen lassen will und mit einer ungeheuren, pecu=
niären Kraft ausgerüstet in jedem Lande, welche politische Form
es auch hat, die Gesetze macht und das Denken modelt. Diese
gewaltige, thätige, energische Macht, weil auf widernatürlicher
Basis stehend, ist aber doch überwindbar. Sobald die Massen
die wahre Ursache ihrer Erniedrigung erkannt haben werden,
werden sie auch ihre Befreiung erreichen und Einrichtungen
treffen, welche es nicht mehr von dem guten Willen und der
Gnade abhängig machen, ob der Arbeiter blos sein Existenz=
minimum oder aber den ihm gebührenden Antheil als Lohn
erhalte.

Nicht in den Beziehungen, welche natürlicher Weise zwischen Arbeit und Capital bestehen, nicht in einer Uebervölkerung mit einer von dem Schöpfer zu beschränkt ausgestatteten Natur liegt die Ungleichheit der Gütervertheilung, sondern in der Ungleichheit im Grundbesitz. Der Grundbesitz ist die fundamentale Thatsache, welche die sociale Lage des Volkes bestimmt und auf seine intellectuelle, wie moralische Entwicklung bedeutsam einwirkt, der Art, daß selbst die heiligsten Ideen der göttlichen Offenbarung den Massen als Lügengebilde zur Täuschung der Vielen erscheinen können, wenn sie aus dem Munde von Leuten kommen, welche, ob auch persönlich edel und bis zum Tode opferwillig, doch aus Unwissenheit Einrichtungen das Wort reden, die Menschen unter die Abhängigkeit von bloßer Gnade und gutem Willen anderer Menschen brachten und darunter erhalten. Die göttliche Gesetzgebung durch Moses hat derlei Einrichtungen, wie wir wissen, nicht das Wort geredet. Die Kirche hat Jahrhunderte, mit theilweise ungeheurem Erfolg, den guten Willen der actuellen Besitzer so beeinflußt, daß die Massen im Ganzen zufrieden sein konnten. Wir stehen jetzt vor einer neuen Entwicklung der Dinge, in welcher der Glanz des Kreuzes und der biblischen Lehren heller strahlen wird, als jemals, weil auf die im Kampf mit den Leidenschaften langsam erreichte Brechung der rohen Formen der Sclaverei und des Frohndienstes die Brechung des Pauperismus der Massen folgen wird, die es allen ermöglicht, in eigener Gedankenarbeit die immensen Schätze der Vernunft und der Gottesoffenbarung sich anzueignen und das dreimal Heilig der Himmlischen nicht wie bisher local und beschränkt, sondern in universaler Weise auf dem ganzen Erdenrund zu anticipiren.

Wir predigen deshalb die Aufhebung des Landmonopols. Denn wenn das Land monopolisirt bleibt, kann der materielle Fortschritt in den Erfindungen in's Ungemessene fortgehen, ohne den Lohn zu steigern und die Arbeiter zu verbessern: er kann da nur den Werth des Bodens und die Macht, welche dessen Besitz verleiht, erhöhen. Allenthalben, zu allen Zeiten, unter allen Völkern ist der Besitz des Grund und Bodens die Grundlage der großen Vermögen, die Quelle der Macht. Der Inhaber des Bodens hat eben die Macht, auch über die Früchte desselben ganz nach Gefallen zu disponiren.

7. Unwirksame Heilmittel.

Nachdem wir die Ursache der steigenden Armuth bei stets zunehmendem Reichthum erkannt haben und zugleich sahen, daß weder der materielle Fortschritt noch eine Beschränkung der Volksvermehrung Abhilfe bringen kann, wollen wir noch einen Blick auf die sonst gewöhnlich empfohlenen Heilmittel werfen.

1. Der Glaube, aristokratische oder monarchische Formen seien die Ursache des socialen Elends, wurde durch die Erscheinung desselben Elendes in den Vereinigten Staaten Amerika's zerstört. Aber noch immer schreibt man die Leiden der Massen den großen Lasten zu, welche von den Regierungen aufgelegt werden, den Heeren und Flotten, den Verschwendungen der Verwaltung, den Räubereien, welche durch Schutztarife auf 2 Groschen, die der Staat erhält, 20 und mehr aus den Taschen der Consumenten entnehmen. Und dennoch würde eine Ermäßigung dieser nutzlos aufgelegten großen Lasten eine Wirkung für das gewünschte Ziel nicht haben. Denn eine Ermäßigung des von dem Gesammtproduct eines Landes der Art erhobenen Betrages würde einfach gleichbedeutend sein mit einer Vermehrung des Nettoproductes; sie würde die Productionskraft der Arbeit erhöhen, wie es die Dichtigkeit der Bevölkerung thut, und in einem wie im anderen Falle fiele der Vortheil als erhöhte Grundrente den Bodenbesitzern zu.

England bezahlt aus dem Ertrag von Arbeit und Capital eine kostspielige Landeskirche, einen kostspieligen Hof, Massen von Sinecuristen, ein großes Heer, eine noch größere Flotte und eine ungeheuere Schuld. Fiele das alles weg, so entstände eine enorme Ermäßigung in der Besteuerung. Der Nettobetrag, der zur Vertheilung unter die Factoren der Production übrig bliebe, würde bedeutend sein. Aber es wäre nur eine Vermehrung, wie sie der Fortschritt in den Gewerben bewirkt und keine so große, wie sie der Dampf und die Maschinen in 20—30 Jahren bewirkten. Und wie diese Vermehrungen das Proletariat nicht beseitigt, sondern nur die Grundrente erhöht haben, so würde auch in diesem Fall der Vortheil von den Grundbesitzern eingeheimst werden. Käme eine plötzliche und friedliche Reform, wie nicht möglich ist, mit solch' einer Ermäßigung zu Stande, so wäre freilich eine zeitweilige Besserung

der untersten Classe nicht ausgeschlossen; doch würde sie schließ=
lich, wie die Vereinigten Staaten Amerika's zeigen, durch die
erhöhten Landwerthe verschlungen werden. Die Lage der Ar=
beiter würde schließlich nicht verbessert werden.

Gewiß ist die Sparsamkeit in den Staats= und Gemeinde=
verwaltungen höchst wünschenswerth; gewiß zielt alles, was
die Regierung einfach und wohlfeil zu machen geeignet ist,
darauf hin, sie unter die heilsame Controle der Oeffentlichkeit
und Fragen von wirklicher Wichtigkeit in den Vordergrund zu
bringen. Aber keine Ermäßigung der Staatsausgaben kann an
sich selbst Einfluß auf die Ausrottung der Armuth und die
Erhöhung des Lohnes haben, so lange der Grund und Boden
die dermalen übliche Behandlung des menschlichen Gesetzes
behält, allseitig oder absolut privateigenthümlich zu sein.

2. Viele sagen, die Armuth der Massen sei ihrem Mangel
an Fleiß, Mäßigkeit und Intelligenz zuzuschreiben.
Dies ist eine Behauptung gleich derjenigen, daß jeder bei
einem Wettlauf Betheiligte gewinnen müsse, während doch
factisch Einer gewinnen muß. Denn sobald das Land Werth
erhält, so hängt, wie wir zeigten, der Arbeitslohn nicht von
dem wirklichen Ertrage der fleißigen und geschickten, mit
Mäßigkeit gepaarten Arbeit ab, sondern von dem was bleibt,
nachdem die Grundrente vorweg genommen ist. Sobald der
Boden monopolisirt ist, wie es außer in den neuesten Ländern
überall der Fall ist, muß die Rente den Lohn auf den
Punkt drücken, bei welchem die ärmste Classe gerade noch zu
leben und sich fortzupflanzen im Stande ist. Daher können
Fleiß, Geschick, Mäßigkeit dem Einzelnen nützlich sein, soweit
sie sich über das allgemeine Niveau erheben, wie wenn Franklin
als Lehrjunge durch Pflanzenkost sich Geld ersparte. Wenn aber
alle Arbeiterfamilien das Gleiche thäten, z. B. alle von
Wurzeln leben würden, so müßten die Löhne schließlich doch
im gleichen Verhältniß fallen, und wer durch Sparsamkeit
voran kommen wollte, müßte einen noch billigeren Modus
ersinnen, um Leib und Seele zusammen zu halten. Wenn sich
die Arbeiter zu der chinesischen Lebensweise verstünden, würden
sie schließlich auch zu den chinesischen Lohnsätzen gelangen;
oder wenn die englischen Arbeiter sich mit der Reisdiät und
dürftigen Kleidung der Bengalen zufrieden gäben, so würde
die Arbeit in England bald so schlecht wie in Indien bezahlt

werden. Die Einführung der Kartoffeln in Irland sollte die
Lage der Armen verbessern, weil sie ja den Unterschied ihrer
Löhne und ihrer Nahrungskosten vergrößerte; aber in Wirklichkeit
waren die Folgen eine Erhöhung der Pachten und eine
Herabsetzung der Löhne und nach dem Auftreten der Kartoffelkrankheit
die Verheerungen der Hungersnoth.

Und daher wird ein Einzelner, wenn er mehr als die
durchschnittliche Zahl der Stunden arbeitet, seinen Lohn zwar
erhöhen; aber der Lohn aller kann auf diese Art nicht erhöht
werden. Notorisch sind die Löhne in Branchen mit langer
Arbeitszeit nicht höher als in anderen mit kurzer Arbeitszeit;
gewöhnlich sogar kleiner, denn bei langem Arbeitstag wird der
Arbeiter hilfloser, hat weniger Zeit sich umzuschauen und
andere Eigenschaften zu entwickeln, wird weniger fähig, seine
Beschäftigung zu wechseln oder aus den Umständen Nutzen
zu ziehen. Und so kann auch der Arbeiter, welcher Weib und
Kind mitarbeiten läßt, seine Einnahme vermehren; wo aber
factisch Weib und Kind mitarbeiten, sind notorisch die von der
ganzen Familie verdienten Löhne im Durchschnitt nicht höher,
als diejenigen des in anderen Branchen allein arbeitenden
Familienhauptes. Die böhmischen Cigarrenarbeiter New-York's,
welche familienweise in ihren Wohnungen arbeiten, haben die
Preise des Cigarrenmachens unter den Verdienst der Chinesen
in San Francisco gedrückt.

Was aber das Wissen angeht, welches ja Ziel des Unterrichts
ist, so könnte es nützen für die Massen, wenn sie es
gebrauchten, um die Ursache der ungleichen Gütervertheilung
zu entdecken und zu entfernen: sonst aber erhöht es nur die
Leistungsfähigkeit der Arbeit, gleich dem größeren Geschick und
Fleiß, und so kann es den Lohn Einzelner, die über Andere
hervorragen, erhöhen, wie ein Schreiber viel verdiente, als
Lesen und Schreiben noch seltene Eigenschaften waren. Bei der
Allgemeinheit der Eigenschaft entsteht kein Vortheil mehr: die
Chinesen sollen ausnahmslos lesen und schreiben können, aber
die Löhne stehen in China auf dem niedrigsten Punkt. Keine
Steigerung der Leistungskraft der Arbeit kann im Allgemeinen
die Löhne steigern, solange die Grundrente den ganzen Gewinn
verschlingt. Die Zunahme des Wissens und der Fortschritt der
Erfindungen haben die Leistungsfähigkeit der Arbeit unendlich
vervielfältigt, ohne den Lohn zu erhöhen.

Wo Geschick, Vorsicht, Intelligenz in größerem Maße mit einer besseren materiellen Lage der Arbeiter verbunden sind, ist dies Wirkung, nicht Ursache der besseren Lage; die Besserung der Lage hatte eine Hebung der persönlichen Eigenschaften zur Folge, aber nirgends kann eine Besserung der Lage als Ergebniß der Zunahme an Fleiß, Geschicklichkeit, Vorsicht und Intelligenz in einer zu schwerer Arbeit verdammten Classe nachgewiesen werden. Die Thatsache ist, daß die Eigenschaften, welche den Menschen über das Thier erheben, über denjenigen liegen, welche er mit dem Thiere theilt, und daß seine intellectuelle und sittliche Natur nur in dem Maße reifen kann, als er von den Bedürfnissen seiner thierischen Natur befreit wird. Gewiß bringt eine Besserung der materiellen Lage einer Classe nicht sogleich eine geistige Hebung hervor, aber schließlich ist die geistige Hebung unausbleiblich. In die „Pfütze der Verzweiflung", welche die Armuth darstellt, wird man ohne Erfolg gute Bücher hineinwerfen. Um die Leute fleißig, geschickt, intelligent zu machen, muß man sie von dem Mangel befreien, wie Gott seinem Volk durch Moses ein Gesetz, aber auch ein Land gab, das von Milch und Honig floß.

3. Die Coalitionen der Arbeiter sind zwar im Stande, die Löhne auf Kosten schließlich der Grundrente zu steigern. Die kämpfenden Parteien sind ja nicht eigentlich die Arbeit und das Capital, sondern die Arbeiter und die Grundbesitzer. Bestände der Kampf zwischen Arbeit und Capital, so wären die Bedingungen relativ gleich, weil die Fähigkeit des Capitals, müßig zu liegen, nur wenig größer ist, als die der Arbeit. Das Capital hört nicht nur auf, zu verdienen, sobald es nicht benützt wird, sondern es geht verloren, weil es fast in allen seinen Formen nur durch beständige Erneuerung erhalten werden kann. Der Grund und Boden dagegen geht nicht verloren, er verhungert nicht; seine Besitzer können warten. Die Grundherren können daher durch einen langen Strike Ungelegenheiten haben, aber die Arbeiter haben dafür den Hunger und das Capital hat die Zerstörung. Die Gewerkvereine könnten bis zu einem gewissen Grade und mit Aussicht auf Dauer eine Lohnerhöhung erkämpfen, wenn sie allgemeine Vereinigungen sein könnten, wie es die Internationalen wollen. Aber eine solche Vereinigung ist praktisch undurchführbar; sind die Schwierigkeiten der Vereinigung schon groß in den best be-

zahlten und wenigst ausgedehnten Gewerben, so wachsen sie nach unten. Indien hat den Brauch des „Dharna-Sitzens", indem ein Gläubiger die Zahlung einer Schuld dadurch erzwingt, daß er sich vor die Thür des Schuldners setzt und Speise und Trank verweigert, bis er Zahlung erhalten hat; ein Aberglaube des Heidenthumes kommt ihm zu Hilfe und der Schuldner zahlt. Bei den Strikes sitzen die Gewerkvereine „Dharna", aber kein Hindu-Aberglaube kommt ihnen zu Hilfe. Also nicht die Coalition zum Strike, sondern zur Neugestaltung des Menschengesetzes über den Grundbesitz möge die Arbeiter fürder begeistern!

4. Auch die Association von Arbeit und Capital ist kein Heilmittel der socialen Uebel. Denn diese Uebel entstehen nicht aus einem Conflicte zwischen beiden; beide sind von Natur aus Kameraden. Die „Association" bezweckt eine Vereinigung zum Zwecke des Consums oder der Production. Die Consumvereine ermäßigen die Kosten des Austausches; ihre Folge ist also gleich derjenigen aller Verbesserungen zur Erleichterung des Austausches, — nämlich, die Grundrenten zu erhöhen. Die Productiv-Genossenschaft ist eine Rückkehr zur Arbeit auf Antheil, wie beim Wallfischfange; sie macht die Arbeiter fleißiger, rühriger, erhöht also die Arbeitsleistung, wie die Dampfmaschine und andere Dinge des materiellen Fortschrittes thun; somit ist ihr Ergebniß die Erhöhung der Grundrente. Die Erfahrung zeigt, daß der Lohn niedriger und die Armuth tiefer ist, wo der Austausch mit den geringsten Kosten vor sich geht und die Production die besten Werkzeuge hat. Der Vortheil kommt nur der Grundrente zu Gute.

Auch eine Association von Arbeit und Capital mit den Grundbesitzern führt zu nichts, da der Grundherr die Macht hat, einen beliebig größeren Antheil der Production zu beanspruchen.

Viele loben die Association als die Lösung des Problems, weil in vielen Fällen die Lage der unmittelbar Betheiligten merklich dadurch gebessert wurde. Aber diese vereinzelten Resultate gleichen den Erfolgen des Schreibers in einer Zeit, wo wenige schreiben konnten. Die Läden, welche gegen baar billig verkaufen, haben eine ähnliche Wirkung auf die Preise, wie die Consumvereine, und so führt auch die Concurrenz in der Production zu einer ähnlichen Ausgleichung der Kräfte und

Theilung der Erträge, wie Productions-Association. Daß zunehmende Productivkraft den Lohn nicht erhöht, daran ist nicht die Concurrenz, sondern die einseitige Concurrenz schuld. Der Grund und Boden, ohne welchen keine Production stattfinden kann, ist monopolisirt, und die Concurrenz der Producenten um seine Benützung drängt den Lohn auf ein Minimum und verleiht den Grundbesitzern den Vortheil zunehmender Productivkraft in höheren Renten und gesteigerten Grundwerthen. Man zerstöre dieses Monopol, und die Concurrenz kann nur noch das Ziel verfolgen, welches die Association erstrebt, — Jedem zu geben, was er verdient. Man zerstöre dieses Monopol, und der Gewerbefleiß muß eine Association Gleicher werden. Man schaffe ein schlechtes Menschengesetz ab, wodurch das Menschen mordende Monopol geschützt wird, und man hat die Armen erlöst!

5. Den verschiedenen Methoden, um die Armuth durch staatliche Regulirung des Gewerbefleißes und der Vermögensanhäufung zu beseitigen, kleben dieselben Mängel an. Sie wollen die individuelle Thätigkeit durch Staatsleitung ersetzen und durch Zwang erreichen, was durch Freiheit besser zu erreichen ist. Was nach Verordnung und Zwang schmeckt, soll nicht in Betracht kommen, solange sich ein anderer Modus finden läßt, dasselbe Ziel zu erreichen. Wären die Pläne, Alles und Jedes zu reguliren, ausführbar, so würden wir einen Zustand haben, gleich jenem, den, zu ihrer ewigen Ehre, die Jesuiten in Paraguay einrichteten; aber dazu gehört die Kraft eines starken religiösen Glaubens, der leider fehlt, jedoch um so eher wiederkehren kann, je mehr sich die noch vorhandenen Männer starken Glaubens daran machen, mit dem derzeit allein wirksamen Mittel der Reform des Grundbesitzes die Massen der Armuth zu entreißen. Alles, was dem überall pulsirenden Drange nach natürlicher Entwicklung entsprechend für die sociale Wiedergeburt nöthig und möglich ist, liegt in dem Motto: „Land und Freiheit!"

6. Die Ahnung, daß die Grundeigenthumsverhältnisse mit dem socialen Elende zusammenhängen, erzeugte andere Vorschläge. So wollte man, der Staat möge Geld bewilligen, um die Errichtung von Colonien auf öffentlichen Ländereien zu ermöglichen. Aber es bedarf keines Beweises, zu welchen Mißbräuchen und zu welcher Demoralisation Bewilligungen von

Staatsgeldern oder Staatscredit führen würden. In England schlug man vor, durch Beseitigung der Kosten und Beschränkungen der Uebertragung die Theilung des ländlichen Grundbesitzes zu erleichtern. Aber diese Beseitigung würde dem Grundbesitze seine Tendenz auf Concentration erleichtern, eine Tendenz, welche in England und Amerika wie anderwärts deutlich erkennbar, kleine Wirthschaften verschwinden und immer größere Landbesitze entstehen läßt. Soferne auf großen Gütern das Land billiger angebaut wird, würde die Richtung auf Kleinbesitz die Gesammtgüterproduction vermindern: Dieses Auskunftsmittel verkleinert den zu vertheilenden Betrag, und ist also dem Affen gleich, der, den Käse zwischen Katzen theilend, das dickste Stück zuerst abbiß. Aber die Kleintheilung würde auch nicht erreichen, daß die Grundrente vermindert werden und der Lohn dadurch steigen könnte. Es würden der Grundbesitzer mehr und sie führen als Rentebezieher besser, als früher, aber die übrige Bevölkerung wäre nicht besser daran. Könnte aber, wie im kleinen mosaischen Staate, das Land unter die ganze Bevölkerung gleichmäßig vertheilt werden, so wäre eine befriedigende Lage geschaffen; indeß eine solche Weise würde bei den großen Verhältnissen unserer Zeit unmöglich sein. Frankreich und Belgien haben eine weitgehende Kleintheilung im vorher erwähnten Style; aber Laveleye, der für diesen Modus schwärmt, constatirt selbst, daß die Lage des Arbeiters unter diesem Systeme schlimmer ist, als in England, ja die schlechteste in Europa, während die Pächter unbarmherzig geschraubt werden und ihr „freies" Wahlrecht nach den Vorschriften des Gutsherrn zu gebrauchen haben.

Es gibt nur einen Weg, das Uebel zu entfernen. Die Armuth wird tiefer, je mehr der Reichthum zunimmt, und die Löhne werden niedergehalten, während die Productionskraft wächst, weil das Land, die Quelle aller Güter, und das Feld aller Arbeit, monopolisirt wird. Wir müssen daher das menschliche Gesetz, welches den absoluten, individuellen Grundbesitz ausspricht, auf legalem Wege durch ein anderes menschliches Gesetz ersetzen, welches durch die Concentration der Besteuerung auf Grund und Boden (ausgenommen die Verbesserungen) virtuell den Grund und Boden zum Gemeingute macht oder das absolute Eigenthum in ein relatives verwandelt, den Besitzer auf seinem Boden läßt, wie es für die Verbesserungen und die Sicherheit der Ausnützung nöthig ist, aber im Interesse Aller den Besitz von Land für jeden Anderen als den wirklichen Benützer unprofitabel macht.

Hiermit ist der Beweis für die Nothwendigkeit und Bedeutung des Heilmittels vollendet. Die Anwendung und die glorreichen Wirkungen desselben auf die Production und Vertheilung, auf alle Individuen und alle Classen, auf die sociale Organisation und Anderes, in den bisherigen Ausführungen bereits angedeutet, findet der Menschenfreund ausführlich im Einzelnen dargestellt in Henry George's „Fortschritt und Armuth", S. 292—492, sowie in dem Werke desselben Verfassers: „Sociale Probleme", S. 179—223.

Schluß.

Eine Scene in zwei Acten von Fr. Shaw,

welche darstellt, welche Stellung Arbeit, Capital und Land in der jetzigen Gesetzgebung einnehmen können. Es wird nicht gesagt, was der Landbesitzer factisch immer thut (im Gegentheile, viele Edle handeln edel, aber aus gutem Willen), sondern welche Macht in seiner Hand ist, Arbeit und Capital zu verschlingen, wenn er will. Es ist daher unseren erlauchten Vertretern im Parlament gewiß erlaubt, ein Gesetz vorzuschlagen, kraft dessen die richtige Ordnung nicht vom guten Willen, von Gnade abhängt.

I.

(Ein Gemeindeplatz. Arbeit, den Boden mit einem Stecken lockernd, um Kartoffeln zu pflanzen. Capital, mit einem Spaten auf einer Schulter vorübergehend.)

Arbeit. Ich frage, Capital, willst Du Deinen Spaten dieses Jahr benutzen?

Capital. Nein! ich gehe fischen.

Arbeit. Leihe mir ihn denn!

Capital. Warum sollte ich?

Arbeit. Aus guter Nachbarschaft. Du brauchst ihn nicht, und er würde mir eine große Hilfe sein. Ich könnte mehr

Boden umgraben und vielleicht 50 Scheffel Kartoffeln mehr ziehen, wenn ich ihn hätte.

Capital. Das ist ein sehr einseitiger Grund. Am Ende des Jahres wäre der Spaten abgenutzt. Du hättest Deine 50 Scheffel extra, und ich hätte keinen Spaten. Du wärst um so viel besser daran, und ich um so viel schlechter als jetzt. Darin ist nicht viel gute Nachbarschaft.

Arbeit. Oh! Ich würde ihn Dir genau so, wie er jetzt ist, zurückgeben, oder einen neuen für Dich machen.

(Anmerkung. Dies ist die nothwendige Erhaltung oder der Ersatz des durch den Gebrauch consumirten Capitals.)

Capital. Das ist schon besser, aber immer noch nicht genug. Du hättest Deine 50 Scheffel mehr, die Du ohne meinen Spaten nicht hättest ziehen können, während ich nicht besser daran wäre als jetzt. Nein, ich danke Dir! Ich werde meinen Spaten behalten. Geh, mach Dir selbst einen. Es kostete mich zehn Tage, ihn zu machen.

Arbeit. Ja, aber jetzt ist die Zeit zum Pflanzen, und ich habe keine Zeit zu verlieren; ich möchte ihn jetzt gebrauchen. Ich kann nicht einsehen, warum Du mir ihn nicht ebenso gut überlassen als ihn rosten lassen willst, was er thun wird, da Du ihn nicht gebrauchst.

Capital. Er wird nicht rosten. Ich will Dir sagen, was ich damit thun werde. Der Pächter braucht so gut wie Du einen Spaten und bietet mir eine Färse im Tausch dafür. Ich bin eben auf dem Wege, den Handel zu machen und sie zu holen. Ich werde sie auf der Gemeindewiese weiden lassen und am Ende des Jahres eine Kuh haben, und vielleicht ein Kalb dazu. Meinst Du nicht, daß sie viel mehr werth sein wird, als der neue Spaten, den Du anbietest?

(Anmerkung. Das Capital schlägt vor, von den thätigen Kräften der Natur Vortheil zu ziehen, welche sich in dem Wachsen sowohl, als auch in der Ergiebigkeit des Grund und Bodens offenbaren, und welche durch die Arbeit, oder durch das Capital, das Ergebniß der Arbeit, nutzbar gemacht werden können.)

Arbeit. Allerdings wird sie. Daran habe ich niemals gedacht! Ja, wenn Du Deinen Spaten für die Färse ver=

tauschen kannst, dann hast Du ein Recht auf ebenso viel Ertrag aus dem einen wie aus dem anderen. Aber wie viel erwartest Du zu gewinnen, wenn Du den Tausch eingehst?

Capital. Ich denke mindestens so viel, wie 10 Scheffel Deiner Kartoffeln werth sein werden, wenn Du sie gräbst.

Arbeit. Ich werde den Spaten nehmen und Dir einen neuen geben und 10 Scheffel Kartoffeln dazu.

Capital. Ich habe nun einmal mein Herz an die Färse gehängt; und überdies kann Deine Ernte fehl schlagen.

Arbeit. Ich hoffe nicht; sie hat es niemals gethan. Indessen ich gebe es zu, es ist ein kleines Risico dabei und ich werde Dir 12 Scheffel anstatt 10 geben. Was sagst Du dazu?

Capital. Abgemacht, hier ist der Spaten, und ich werde gehen und nach meinem Boote schauen.

(Anmerkung. So benutzt die Arbeit die Güter, die das Capital durch seine frühere Arbeit angehäuft hat, und da beide an der Ernte interessirt sind, werden Arbeit und Capital Partner. Die 10 Scheffel, welche das Capital für den Gebrauch des Spatens erhalten soll, können Zins genannt werden, wozu es füglich berechtigt ist durch seine Fähigkeit, den Spaten für etwas auszutauschen, was ihm durch sein bloßes Wachsthum einen gleichen Gewinn geben wird, und die beiden anderen Scheffel sind für die Versicherung gegen das Risico einer Miß= ernte.)

(Ein Grundherr tritt auf.)

Grundherr (sich über die Hecke lehnend): Hallo, Arbeit! Was arbeitest Du da auf diesem Marschland? Der Boden ist auf dieser Seite der Hecke viel besser. Hier kannst Du bei der= selben Arbeit 50 Scheffel Kartoffeln mehr ziehen, als dort. Du würdest viel besser diese Parcelle von mir miethen oder pachten: ich würde von Dir für den Gebrauch derselben nicht viel fordern.

Arbeit. Es ist wahr, daß der Boden besser ist, und ich möchte wohl dort pflanzen, wenn Du ihn nicht eingehegt hättest; aber Du weißt so gut wie ich, daß dieser Gemeinde= acker frei und alles, was ich darauf ziehen kann, mein ist; während, wenn ich auf jener Seite der Hecke pflanzen wollte, Du mich wegen Uebertretung in's Gefängniß setzen oder mich eine Ernte ziehen lassen und dann alles fortnehmen würdest, falls ich nicht Deine Bedingungen annehme. Die Gesetze scheinen für Euch Grundherren gemacht zu sein! Welches Recht hattet Ihr, das beste Land einzuhegen?

Grundherr. Ich bebaute es Jahre lang und hegte es ein, um das Vieh abzuhalten; ich entfernte die Steine davon, entwässerte es und erhielt gute Ernten.

Arbeit. Machten Dich die Ernten für das, was Du ausgelegt hattest, nicht bezahlt?

Grundherr. Recht gut, das kannst Du glauben; Du denkst doch nicht, daß ich ein solcher Narr gewesen wäre, die Verbesserungen zu machen, wenn ich dessen nicht sicher gewesen wäre? Aber ich habe ein besseres Grundstück erhalten, das ich in diesem Jahre bestellen will, und ich möchte dieses Stück Dir zu einer billigen Pacht überlassen.

Arbeit. Ja, ich glaube, Du hast von diesem die Sahne abgeschöpft. Aber was nennst Du eine billige Pacht?

Grundherr. Wart' einmal! Das Land ist immer noch viel besser, als das Gemeindeland, und leichter zu bearbeiten als damals, wo ich es einhegte. Die Abzugsgräben sind vorhanden und auf dem Boden sind keine Steine mehr; außerdem hält die Hecke noch für drei Jahre und Du wirst Dein Gemeindegrundstück einhegen müssen, wenn Du eine Ernte machen willst. Das ist etwas, was Du erwägen mußt. Dies sind thatsächliche Vortheile.

Arbeit. Ja, das ist so. Gut! Ich denke, es wird billig sein, wenn ich Dir ein Drittel vom Werthe der Hecke gebe, nämlich 10 Scheffel Kartoffeln, und 5 Scheffel mehr wegen der anderen Verbesserungen.

Grundherr. Willst Du die Hecke in so gutem Zustande erhalten, wie sie jetzt ist?

Arbeit. Nein, 15 Scheffel ist so viel, wie ich geben kann.

Grundherr. Und wie viel willst Du für den Gebrauch des Landes geben?

Arbeit. Gar nichts. Ich zahle Dir so viel für den Gebrauch Deiner Verbesserungen, und das ist so viel Gewinn für Dich, denn Du bist dafür schon durch die Ernten, die Du gemacht hast und welche die Fruchtbarkeit des Bodens vermindert haben, gut bezahlt. Ich will Dir gerne für den Nutzen zahlen, den ich daraus ziehen werde, aber sonst gar nichts. Wenn Du mir nicht das Land für die 15 Scheffel lassen willst, so bleibe ich auf dem Gemeindelande, ich kann dort eben so gut arbeiten, wie hier. Aber Du hast mir nicht gesagt, welches Recht Du hattest, das beste Land einzuhegen und es das Deinige zu nennen?

Grundherr. Der König gab es mir.

Arbeit. Welches Recht hatte der König, des Volkes Land wegzunehmen und es Dir zu geben?

Grundherr. Gleichgiltig, ob er das Recht hatte oder nicht, er hatte die Macht. Das Land ist mein, und Du kannst es nicht bebauen ohne meine Erlaubniß.

Arbeit. Gut! Wir wollen die Frage des Rechtes nicht erörtern. Willst Du mir das Grundstück für das Jahr zu dem Preise, den ich biete, überlassen?

Grundherr. Ja, Du kannst es haben. Es ist so viel Gewinn für mich; aber wenn dieses verwünschte Gemeindeland nicht wäre, müßtest Du mehr zahlen.

II.

Das nächste Jahr.

(Inzwischen hat der Grundherr ein Gesetz erwirkt, das ihn ermächtigt, das Gemeindeland einzuhegen, und hat Besitz davon genommen. Er hat demgemäß das Ganze eingefriedet. Diesmal nicht gegen das Vieh, sondern gegen die Arbeit.)

Arbeit (zum Grundherrn kommend). Bitte, Herr, da das Grundstück eingefriedigt ist, so habe ich kein freies Land mehr zu bearbeiten und würde mich sehr freuen, dasselbe Grundstück für ein weiteres Jahr von Dir zu pachten.

Grundherr. Herr! Du standest Dich letztes Jahr recht gut darauf, nicht wahr?

Arbeit. Ja, Herr! Ich war im Stande, dem Capital einen neuen Spaten zu geben und ihm außerdem für die Benutzung des seinigen zu bezahlen, und ich hatte genug übrig, um nach Zahlung der Pacht an Dich meine Familie anständig zu ernähren.

Grundherr. Und Du erwartest, das Land dieses Jahr für die nämliche Pacht zu erhalten?

Arbeit. Ich hoffe, Du wirst es mir zu denselben Bedingungen überlassen, Herr! Wenn ich mehr zahlen müßte, würde ich dem Capital nicht so viel für die Benutzung seines

Spatens geben können, und meine Familie wird die Bequemlichkeiten entbehren müssen, an die sie gewöhnt ist.

Grundherr. Das ist nicht meine Sache. Capital muß sich mit einem geringeren Ertrage zufrieden geben, und Du mußt die Ausgaben Deiner Familie einschränken. Es ist kein Gemeindeland mehr vorhanden, das Du bebauen oder auf dem er seine Färse weiden lassen könnte. Ihr müßt Euch beide Euren Rock nach dem Tuche machen lassen und Euer altes Tuch tragen, wenn Ihr kein neues habt.

Arbeit. Ich weiß das wohl, Herr, und kann nur hoffen, daß Du meine Umstände berücksichtigen wirst.

Grundherr. Was ich berücksichtigen werde, ist mein eigenes Interesse. Ich werde mein Gut nach strengen Geschäftsrücksichten verwalten. Du zahltest mir voriges Jahr 15 Scheffel Kartoffel für meine Verbesserungen. Wir kamen darüber als billig überein — nicht?

Arbeit. Ja, Herr!

Grundherr. Gut! Ich werde gefällig gegen Dich sein und in diesem Jahr nicht mehr von Dir verlangen; aber Du mußt die Hecke im Stand halten.

Arbeit. Es wird mir sehr schwer werden, Herr! Es entzieht mir so viel vom Unterhalt meiner Familie; aber ich glaube, ich muß thun, was Du sagst; und wenn ich muß, so muß ich.

Grundherr. Nun, wie viel willst Du mir für die Benutzung meines Landes geben? Voriges Jahr wolltest Du mir gar nichts geben, und ich mußte Deine Bedingungen annehmen, weil Du auf das Gemeindeland zurückweisen konntest. Dieses Jahr gibt's kein Gemeindeland mehr, und Du mußt auf meine Bedingungen eingehen.

Arbeit. Ich hoffe, Herr, sie werden derartige sein, daß ich leben und meine Familie anständig ernähren kann, was bei der neuen Arbeit, die ich auf die Hecke verwenden muß, schwer genug sein wird.

Grundherr. Anständig! Ich weiß es nicht, und es kümmert mich auch nichts. Du mußt mit dem Nothwendigen zufrieden sein und nicht von Luxus reden. Aber es nützt nichts, darüber Worte zu verlieren. Die Pacht des Grundstückes für dieses Jahr ist 50 Scheffel Alles in Allem.

Arbeit. Aber, Herr —

Grundherr. Aber, nur kein Aber. Das ist die Pacht!

Arbeit. Wir werden verhungern, Herr, und dann wird Dein Land gar keinen Nutzen für Dich haben. Du mußt Jemanden zum Bebauen desselben haben.

Grundherr. Das ist richtig; aber wie ich sagte, 50 Scheffel ist die Pacht. Du weißt, daß Du das Land zu meinem Preise nehmen mußt, und ich weiß, Du wirst Dich schon durchbringen. Kannst Du es nicht, und ich sehe, daß Du nicht genug zu leben hast, so werde ich es mit der Pacht vielleicht nicht so genau nehmen, sondern einen Theil stunden, den Du mir bezahlen kannst, wenn Du ein besonders gutes Jahr hast, und ich werde Dir einige der kleinen Kartoffeln umsonst geben, um Dich beim Leben und außer dem Armenhaus zu erhalten — wo (bei Seite) ich den ganzen Unterhalt für Dich und Deine ganze Familie zahlen müßte.

Résumé.

Die Universität Oxford hat nach dem Bericht der „Times" (1. Juni 1887) den Ausspruch gethan: There is no personal property in the soil in England, es gibt in England kein persönliches Grundeigenthum. Nach dem Satze: „Landeigenthum ist Leibeigenthum", singt das englische Volk immerfort sein: „Britons never will be slaves;" sie wollen und werden nimmer Sklaven sein, weil sie, das römische Recht abwehrend, kein persönliches Grundeigenthum dulden. Den Minirungsversuchen jüdischer Bankiers, diese Einrichtung des Römischen Rechts in die englische Gesetzgebung hineinzuschmuggeln, leisten sie stets Widerstand. Noch jede Bill, welche einen Verdacht in diesem Sinn erlaubte, führte zum Sturz desjenigen Cabinets, welches sich für dieselbe gebrauchen ließ.

Während England egoistisch die Irländer und Andere auszubeuten keinen Anstand nimmt, sagt es daheim, daß der Boden keine Waare werden darf, daß der Wucherer und Schacherer mit seiner Güterausschlächterei und dem Bauschwindel ein Unglück des Landes ist. Ein weiterer Vortheil des englischen Systems liegt darin, daß der Unternehmer für Bodenerwerb keine Baarmittel benöthigt, sondern sein Capital auf den Betrieb dessen concentriren kann, was er auf dem Boden vornehmen will. Der dritte Vortheil dieses Systems vor dem römischen Recht ist die Freiheit von dem Verschuldungszwange, der billige Personalcredit, die Ausgleichung von Schuld und Forderung in kurzen Fristen, die Solidarität des Capitals mit der nationalen Unternehmung.

Was die Mystagogen der Presse Feudale nennen, sind sehr bedauerliche Leute, weil sie durch die Pflege des römischen

Rechtes sich selbst hilflos machen und sammt allem Volk unter die Last des alle erdrückenden Capital=Feudalismus beugen. Ein Berliner Congreß von Wirthschaftsreformen beschloß 1879 über Wunsch des damaligen Kronprinzen Friedrich, daß die Unverschuldbarkeit des vaterländischen Bodens zum Princip zu erheben sei. Das war schön, aber es geschah nichts weiter und Deutschland behielt seine Bodenverschuldung von über 40 Milliarden und es steigert sie fortgehend, indem der in jeder Form verwerfliche Realcredit die Hypothekenschuldner immer weiter vermehrt. Das Ende dieser Wirthschaft kann nicht zweifelhaft sein. Jede Nation, welche dem römischen Recht Eingang gewährt, geht durch Verschuldung und Kraftlosigkeit zu Grunde. So geschah es sogar mit dem spanischen Weltreich, obgleich es die Juden vertrieben hatte; es war genöthigt, alle seine Einkünfte an die ausländischen Juden zu verschreiben, ja es mußte an die nach London, Antwerpen und Amsterdam gewanderten spanischen Juden gegen 25 Percent Schaden seine Wechsel negociiren, während es deren neue Heimatländer mit Krieg überzog.

Was ich bis hier in diesem Résumé aus der trefflichen, bereits angeführten Schrift Beta's über England und damit Zusammenhängendes sage, zeigt die wohlthätige Wirkung des Oxforder Princips, wenn es auch nur theilweise, wie in England, durchgeführt wird.

Es unterliegt aber keinem Zweifel, daß die **Mißstände**, welche England darbietet, völlig verschwinden würden, wenn mit dem von der Oxforder Universität declarirten Princip allseitig Ernst gemacht würde. England schließt den Realcredit aus, in der Form sowohl der Hypothek als des Wechsels, aber der Bodenkauf ist trotzdem und trotz der bestehenden feierlichen Verwahrung gegen das römische Recht nicht ausgeschlossen. Man hat mit dem Oxforder Princip nicht ganz Ernst gemacht. Daher die große Concentration des Grundbesitzes in England als eine Wirkung der steigenden Bodenpreise. Die kleinen Güter, deren es noch vor 100 Jahren viele gab, sind blos **durch Kauf** Theile großer Güter geworden; sie gravitirten zum Besitz der Reichen, genau so wie **Diamanten** nach dem Besitz der Reichen gravitiren. Solange die Massen thöricht genug sind, das römische Recht ganz oder theilweise herrschen zu lassen, wird es daher mit der Heilung des Pauperismus gute Weile haben. Die vorgeschlagene Einführung einer einzigen Steuer aber, der bezeichneten Grundsteuer nämlich, würde mit dem verderblichen Bodengesetz des römischen Rechtes allseitig aufräumen.

Der Herzog von Westminster ist vielleicht der reichste Grundbesitzer der Welt. Die Einziehung aller seiner Grundrenten als Steuer würde freilich sein Einkommen reduciren, ihm jedoch alle seine Gebäude und die Einnahmen daraus sowie noch viel persönliches Eigenthum anderer Art lassen. Er würde somit noch alles haben, was zu genießen möglich ist, und einen noch viel besseren Zustand der Gesellschaft dazu, in welchem er genießen kann, während er jetzt mit dem enormen Ueberfluß, der weder ihm noch anderen nützt, wie ein Mann dasteht, der auf seinem Kopf ein Dutzend Hüte aufthürmt oder in der heißen Sonne mit einem Ueberzieher umhergeht. Ebenso würden die Astors in New-York und andere Geldleute sehr reich bleiben, und so würde es sich bei dieser Concentration der Steuer auf die Grundrente durchwegs herausstellen. Diese Maßregel würde für die Vermehrung der Güter, aber auch für eine gleichmäßige Vertheilung derselben wirksam sein. Nicht, als ob jeder Einzelne die gleiche Summe von Gütern erhalten würde; das wäre keine gleiche Vertheilung, so lange die verschiedenen Menschen verschiedene Gaben, Leistungen und Wünsche haben. Aber die Güter würden dem Grade gemäß vertheilt werden, in welchem Fleiß, Geschick, Klugheit jedes Einzelnen zum Gesammtvermögen beitragen. Die Hauptursache, welche den Reichthum in den Händen derjenigen concentrirt, die nicht produciren und ihn aus den Händen derjenigen nimmt, die es thun, würde verschwunden sein. Die Ungleichheiten, die bestehen blieben, wären diejenigen der Natur, nicht die künstlichen Ungleichheiten, welche durch die Verleugnung der Gerechtigkeit, durch den Egoismus und die unbesonnene oder kurzsichtige Reception des römischen Rechtes geschaffen wurden. Der reiche Nichtproducent könnte reich bleiben, aber sich nicht länger im Luxus wälzen, während der Producent nur die äußersten Nothwendigkeiten des thierischen Lebens erhält.

Ist das Landmonopol beseitigt, so kann alle Furcht vor den großen Vermögen des Capitalismus bei Seite gesetzt werden. Denn wenn jeder erhält, was er ehrlich erwirbt, so kann Niemand mehr erhalten, als er ehrlich erwirbt. Wie viele

Menschen gibt es, die eine Million ehrlich erwerben? Die Selbstsucht mag gewisse Große der Geburt oder des Capitals diesen Ideen feindlich stimmen. Aber noch sind genug Große wie Kleine des Volkes, welche aus Vaterlandsliebe, Menschlichkeit und Liebe zu Gott bereit sind, Fehler gut zu machen, welche die Vergangenheit mehr vielleicht aus Kurzsichtigkeit als mit Ueberlegung beging. Nicht die Selbstsucht, sondern die Sympathie hat die Jahrbücher der Völker mit Helden und Heiligen bereichert, und auch heute noch ist die Welt voll von Menschen, welche die Selbstsucht zu bezwingen und auszutreiben gewillt sind.

Nachtrag. Herr Dr. C. Schmidt meint („Die neue Zeit", Nr. 41, 1891/92), dass die Grenznutztheorie für den Güterwerth nichts sei. Dagegen: Im Mosaischen Staat Alt-Israels (obgleich keine Maschinen und andere Erfindungen bestanden und auf seinen 27.000 □km über 5 Millionen lebten, während auf Böhmen z. B. mit 52.000 □km nicht ganz 6 Millionen kommen) kaufte man für 1 Denar (ca. 30 Kreuzer) 22 Liter Weizen, weil der Grund und Boden keine Waare, kein Privateigenthum war, also keine private Grundrente zog. Wo aber keine Rente, da ist Lohn und Zins hoch, respective der für sie gezahlte Betrag hat große Kaufkraft. Heute ist der Boden Privateigenthum, daher Waare und nun auch hoch im Preis; daher kauft man für 30 Kreuzer nicht 22 Liter Weizen, ja zahlt z. B. in Prag 6 Eier mit 30 Kreuzer! Wo der Boden Waare ist, also Grundpreise und private Rente bestehen, sinkt Lohn und Zins, respective die Kaufkraft beider. Also soll der Boden wieder Gemeingut werden. Die Bevölkerungszahl, die Gemeinschaft, gibt ihm seinen Werth und hat daher gerechten Anspruch auf ihn, während beim System des römischen Privateigenthums die Anbaugrenze die Bodenrente zum Nachtheil von Lohn und Zins begünstigt. Vgl. S. 54—60.